青海民族大学校长基金资助项目
青海民族大学自然资源与产业经济学科团队建设成果资助

经济管理学术文库 • 管理类

经济发展中的政府职能研究

——以青海藏区为例

Research on the Government Function in Economic Development – Taking Qinghai Tibetan Area as an Example

张世花 / 著

图书在版编目（CIP）数据

经济发展中的政府职能研究：以青海藏区为例/张世花著．—北京：经济管理出版社，2014.7

ISBN 978-7-5096-3239-0

Ⅰ．①经… Ⅱ．①张… Ⅲ．①政府职能—研究—青海省 Ⅳ．①D625.44

中国版本图书馆CIP数据核字(2014)第166559号

组稿编辑：曹 靖
责任编辑：杨国强
责任印制：黄章平
责任校对：张 青

出版发行：经济管理出版社
（北京市海淀区北蜂窝8号中雅大厦A座11层 100038）
网 址：www.E-mp.com.cn
电 话：（010）51915602
印 刷：大恒数码印刷（北京）有限公司
经 销：新华书店
开 本：720mm×1000mm/16
印 张：9.5
字 数：165千字
版 次：2014年9月第1版 2014年9月第1次印刷
书 号：ISBN 978-7-5096-3239-0
定 价：48.00元

序

全面深化改革中，经济体制改革是重点，其核心是处理好政府与市场的关系。十八届三中全会明确提出，市场在资源配置中起决定性作用，这是我们党遵循市场经济一般规律，在改革开放实践中对政府和市场关系做出的新的科学定位。市场决定资源配置，要切实转变政府职能，深化行政体制改革，简政放权，把决定权交到市场手里。同时，市场体系自身的不完善和社会主义市场经济体制的内在优势，又要求政府对市场进行科学的宏观调控、有效的政府治理，要求政府创新行政管理方式，增强政府公信力和执行力，建设法治政府和服务型政府。只有政府和市场各司其职、协同合作，政府不越位、不错位、不缺位，市场统一开放、竞争有序，才能真正促进经济社会发展。

由于其特殊的地理位置和自然人文环境，青海藏区目前正处于市场经济发展的起步阶段，市场基础薄弱，民间抵御市场风险的能力有限，市场经济发展所要求的各种软件和硬件环境很不充分，因此，青海藏区经济发展中政府的职责范围要比市场经济已经成熟地区的政府更为宽泛。作为一个经济转型、体制转轨的经济发展滞后区域，青海藏区政府一方面必须承担各种改革和社会转型成本，防止经济和社会的过度震荡；另一方面还必须投入大量的精力和财力用于调节地区发展差距、构建社会保障系统以及支持教育、科学和卫生福利等社会事业的发展。十八届三中全会提出，深化改革的核心是处理好政府和市场的关系。青海藏区的经济社会发展能否得到可持续发展，很大程度上取决于能否界定好政府的职责以及政府能否制定、实施切实可行的政策。这一切，都要求对青海藏区的政府职能有深入系统的研究。

本书作者出生于青海藏家，对青海藏区、藏民有一种特殊的情感。她将青海藏区经济发展中的政府职能作为研究对象，全景式地剖析藏区政府在经济发展中的实际作用，总结国内外政府职能的经验，探索了青海藏区这一特殊区域内政府与市场的独特关系。

本书具有如下几个鲜明特色：

第一，作者结合青海藏区特殊的人文环境来探讨政府在经济发展中的职能，突破了以往就政府单方面作用来讨论其职能的思维惯式，避免了简单地甚至生搬硬套地照搬发达地区政府职能的弊端。

第二，作者不仅关注青海藏区的经济发展，而且也十分关注青海藏区的生态环境建设，指出了青海藏区生态环境危机的严重性，并从青海藏区政府自身经济利益以及“唯国内生产总值”的政府考核指标对生态环境造成负面影响的角度进行了深层次的分析。

第三，作者立足于青海藏区的实际，区分了经济发展进程中政府的一般职能与特殊地区、特殊阶段的特殊职能。在比较、借鉴国外及国内发达地区政府职能的基础上，提出了新时期青海藏区政府职能的特殊性。

本书是作者在其博士论文基础上修改形成的。在专著付梓出版之际，应邀为其作序，以示鼓励和祝贺！对于一个研究者而言，理论的探索和研究是无止境的，也是需要不断完善的。作为她的导师，我希望她能够继续努力，不断有更丰硕的研究成果问世。

曹　阳

2014 年 4 月 10 日于武汉桂子山

前　言

青海藏区地处青藏高原的中枢地带，分别与甘肃省甘南藏族自治州、四川省阿坝和甘孜自治州、西藏自治区毗连。由于其特殊的地理位置和自然人文环境，青海藏区目前正处于市场经济发展的起步阶段，市场基础薄弱，民间抵御市场风险的能力有限，市场经济发展所要求的各种软件和硬件环境很不充分，因此，青海藏区经济发展中政府的职责范围要比市场经济已经成熟地区的政府更为宽泛。作为一个经济转型、体制转轨的经济发展滞后区域，青海藏区政府一方面必须承担各种改革和社会转型成本，防止经济和社会的过度震荡；另一方面还必须投入大量的精力和财力用于调节地区发展差距、构建社会保障系统以及支持教育、科学和卫生福利等社会事业的发展。近几年，青海藏区的生态环境问题、贫困化问题、双语教学问题等已经引起全社会的广泛关注。本文从经济发展入手，以青海藏区为个案，对政府职能问题进行理论与实践探讨。

全书除导论外共分五章。

导论部分主要介绍了本书研究的缘由、意义及学术回顾。

第一章概括了青海藏区人文地理与经济发展状况。特殊的地理、人文环境对青海藏区经济发展影响深远，青海藏区经济发展的落后状况，对各级政府的工作提出了更高要求，即需要总结国内外经验，从本地区实际出发，充分发挥政府职能，促进经济社会发展。

第二章概括了青海藏区政府职能的历史变迁。基于青海藏区特殊的地理、人文环境，历代统治者在该地区适宜地推行了一套特殊的地方行政管理制度，在一定程度上理顺了地方管理体制，而且也维护了藏族聚居区社会的稳定和国家的统一，促进了当时青海藏区经济的发展。新中国成立后，各级政府根据青海藏区实际和时代特点，在不同历史时期充分发挥职能作用，制定发展战略，推动当地经济社会发展，取得了许多成就，积累了丰富的经验，对青海藏区未来的发展有重要意义。

第三章对青海藏区经济发展中政府职能的现状进行了分析。本部分指出政府干预青海藏区经济发展受自然地理条件、社会结构形式、市场机制的发育程度以及市场开放程度等条件的制约。同时，指出了青海藏区经济发展中政府职能表现中的一些弊端：职责不到位、效率低下、法律监督体系不完备以及政府民主意识不强。另外，本部分重点探讨了影响青海藏区政府职能的因素，主要包括浓厚的宗教氛围、滞后的制度文化、落后的思想观念以及根深蒂固的部落制度。

第四章考察了政府经济职能国外的相关理论与实践经验。从对西方经济学相关理论的梳理发现，政府职能是一个动态问题，在不同经济发展阶段有不同的定位。了解西方发达国家政府职能的相关理论及实践经验，为分析青海藏区经济发展中政府扮演什么样的角色，拓宽了思维空间。

第五章探讨了青海藏区政府职能的多元目标体系。新中国成立 60 年来的实践证明，促进青海藏区经济发展，政府不但负有更加重要的责任，而且要紧跟时代的步伐，努力做到与时俱进。政府首先要明确青海藏区经济社会发展目标，其中包括生态保护和建设、解决贫困问题、发展教育事业、加强基础设施建设、促进特色产业发展。其次应该提高地方政府效率，如建立精干的政府机构。再次，应该营造依法治理的政府管理环境，包括严格立法过程，治民、治官并举，提高藏区民众的法律意识。最后，应该建立有效的政府治理结构。

通过上述问题的研究，本书在以下方面有所创新：

（1）研究视角上的创新。对青海藏区的研究，大多主要侧重于对其历史、生态环境、旅游业、人文环境等方面的研究，只是强调如何保护环境、如何调整产业政策、发展循环经济等某一侧面。本书以青海藏区的政府职能为视角，以政府职能与经济发展的互动关系为基本分析框架，研究成果具有总括性、战略性特点，从而拓展了本领域研究的视野。

（2）研究方法创新。针对以往学术界相关研究着重以规范化研究为主，存在从理论到理论的逻辑推演为特征的研究倾向，本书在研究方法上注意以实证研究为主，注重调查研究，突出区域性特征，论证材料具有原创性。

（3）提出了一些新的思考和见解。研究在掌握丰富的第一手调研材料的基础上，将其上升到理论层面，运用学术界的相关研究成果和多学科视角进行阐述，对学术界一些观点予以驳斥，提出了新的看法和主张。如将青海藏区经济发展中的政府职能定位在提供基本的公共产品、保护地区生态环境、维护地区稳定、制定适宜的经济政策等方面；进一步梳理政府治理青海藏区的历史变迁过程，以及不同阶段所采取的政策产生的效果；提出了在青海藏区经济发展中，政府不是单方面扮演“大政府”或“小政府”的角色，而是各级政府之间要保持高度的“心有灵犀”。青海藏区政府在执行具体的宏观政策方面，必须与中央保持高度的一致，同时也应该充分利用民族区域自治法赋予的权利，有选择地整合适合地区经济发展的一些政策，这样能够破除一些长期困扰经济发展的障碍，适应不断变化的政治经济形势，及时抓住转瞬即逝的机遇，摆脱僵化意识形态的束缚，遏制不利因素的干扰，不断推进制度与政策创新。

目　录

导　论

政府和市场的关系，是经济学、政治学长期关注的热点问题。在不同的经济发展阶段、不同的文化背景、不同的社会环境中，政府与市场有不同的定位、不同的功能。青海藏区作为我国西部一个特殊的经济落后的少数民族区域，市场经济还仅仅处于起步的阶段。政府职能的定位与选择，对于青海藏区的经济发展及其社会发展有着特殊的重要意义。

一、选题背景

本书以青海藏区经济发展中的政府职能为选题，主要基于以下三个方面的原因：

（一）青海藏区特殊的战略地位

青海藏区（青海藏区是果洛、玉树、黄南、海南、海北藏族自治州和海西藏族、蒙古族自治州的简称）是我国藏区的重要组成部分之一，青海藏区在青海省乃至整个藏区经济社会发展中具有重要的特殊的战略地位：

（1）全国藏区人口为500万，而青海藏区人口占16.9%，仅次于西藏自治区。青海藏区是除西藏以外全国最大的藏族聚居区。藏区经济明显滞后于其他地区，经济增长的不平衡所产生的消极后果之一是使得人们之间的经济收入差距拉大，从而引发地区冲突。只有大力发展经济，改善当地居民的生活条件，才能保持青海藏区乃至整个藏区的稳定，为全国经济发展创造安定的社会环境。

（2）特殊的地理环境。高耸的海拔、巨大的山体、寒冷干旱的气候是青海藏区的基本特征。青海藏区生态环境一直处于退化之中，人们为追求眼前利益对环境的破坏日益加重。高原环境的退化，不仅严重制约了藏区经济的发展，而且也对全国整体的生态环境形成了极大的影响。青海藏区脆弱的生态环境对经济发展带来了严峻的挑战。因此，如何在经济发展中有效地保护和改善生态环境，是青海藏区政府亟待解决的一大难题。与此同时，作为世居高原的古老民族，藏族在高原生存发展中创造了与高原环境相适应的生态文化，自然生态环境与藏族文化融为一体。如何利用、改造和发展这一传统文化，使之为青海藏区的经济发展服务，也是青海藏区各级政府面临的特殊挑战。

（3）东西部发展的不平衡是我国的基本国情，日益扩大的东西部差距已经引起了国内外的广泛关注。美国前总统克林顿在瑞士达沃斯世界经济论坛年会上曾说："中国面临的最大挑战是东西地区的差距问题，这不仅是个经济问题，而且也是个政治和安全问题，这个问题如果不能解决好，将会拖中国经济的后腿。"① 按照经济学中的"木桶原理"，青海藏区经济发展落后的现状将牵制和影响青海省乃至整个西部地区的发展，最终也会影响到整个国民经济的总体发展。

（二）青海藏区经济与社会发展进程中政府职能特殊的重要性

青海藏区目前正处于市场经济发展的起步阶段，市场基础薄弱，民间抵御市场风险的能力有限，市场经济发展所要求的各种软件（如制度、机制和文化）和硬件环境还不充分，因此，青海藏区政府的职责范围要比市场经济已经成熟的地区的政府更为宽泛。目前，政府不得不承担大量的、在市场经济发达地区可以通过市场解决而在青海藏区必须由政府承担的经济建设任务，以培育与完善市场体系、弥补市场失灵和市场缺陷。作为一个经济转型、体制转轨的经济发展滞后区域，青海藏区政府一方面必须承担各种改革和社会转型成本，防止经济和社会的过度震荡；另一方面还必须投入大量的精力和财力用于调节地区发展差距、构建社会保障系统以及支持教育、科学和卫生福利等社会事业的发展。

青海藏区是我国藏区的重要组成部分，也是我国民族成分比较复杂的地区之一。在青海藏区的经济发展进程中，政府的作用是不容忽视的。特别是经济危机、自然灾害发生以后，政府在地区经济发展中所发挥的作用已经引起了世界的

① 单羽青. 中国经济面临三大挑战［N］. 中华工商时报，2003-2-24.

关注。“政府对一国经济和社会发展以及这种发展能否持续下去有着举足轻重的作用。在追求集体目标上，政府对变革的影响，推动和调节方面的潜力是无可比拟的。当这种能力得到良好发挥，该国经济便蒸蒸日上。但是若情况相反，则发展会止步不前。”① 近几年，青海藏区的生态环境问题、贫困化问题、基础设施落后问题、双语教学问题等已经引起了全社会的广泛关注。在这特殊的区域内发展经济，政府究竟应履行什么样的职能；与经济发达地区相比，有什么样的特点；目前政府职能发挥得如何；今后需要哪些改革，加强哪些方面的职能；等等，都是需要我们深入探讨的问题。

（三）基于笔者对青海藏区的关注

笔者生活在青海这个多民族省份，又是藏族的一员，目前就职于青海民族大学，对青海藏区的经济与社会发展问题有特殊的情感，因此也特别关注。对于青海藏区，学术界往往偏重于生态环境、旅游业、民族文化等相关问题的研究，而对青海藏区经济发展中的政府职能研究，则尚显薄弱，这也正是笔者写作本书的动机。当然，青海藏区独特的地理位置、人文环境为笔者的研究也提供了特殊的理论背景。同时，多年收集的国内外专家学者的相关理论为本书的写作奠定了良好的基础。本书从经济发展入手，以青海藏区为个案，对藏区政府职能问题作进一步思考，有利于青海藏区经济社会的进一步和谐发展。

二、研究意义

青海藏区特殊的地理位置、人文环境以及转轨时期的社会状况、制度的急剧变迁和经济发展过程中出现的种种现象，使笔者在对青海藏区经济发展中的政府职能的研究找到了理论原型和证明依据，结合当前区域发展不平衡的现实，使本书的研究具有一定的理论意义和现实意义。

（一）理论意义

第一，对于青海藏区经济发展中的政府职能研究，除了经济学中常提到的古

① 世界银行．1997 年世界银行报告：变革中的政府［M］．北京：中国财政经济出版社，1997.

典、新古典或新自由主义的因素外，我们在实地的调查中，明显感受到区域特色、制度变迁和非政治制度的作用及影响力。20世纪末，中央实行“西部大开发战略”，旨在加快西部落后地区的经济发展和改革开放的步伐，加快西部经济市场化的进程，提高西部地区居民的生活福利水平，以促进地区经济协调发展。青海藏区是属于西部地区的一个特殊区域，地理位置、人文环境、民族成分等都不同于西部其他地区。近几年，在国家大的宏观政策支持下，青海藏区的经济有了初步发展，但伴随经济发展出现了生态环境退化、贫困化、教育落后等一些现实问题。究其缘由，其中极为重要的一个原因是青海藏区政府在经济发展过程中模仿抄袭其他地区现成制度，而忽视了本土特色，尤其是对非正式制度，如宗教、习俗、文化等对青海藏区经济与社会发展的重要影响认识不足。因此，重新确定青海藏区的政府职能，体现其鲜明区域特色的系统研究将会丰富现有的政府职能理论。

第二，对制度经济学在少数民族地区的研究有较大意义。转型中的青海藏区完全有别于东部经济发达地区，地区特系的文化在青海藏区长期占有统治地位。研究非正式制度在青海藏区经济发展中的作用，对制度经济学在少数民族地区的研究具有重要的价值。通过对青海藏区经济发展中非正式制度的形成、缘由进行深入、细致的研究，可以发现非正式制度在另一个异质文化中的生成规律。

（二）现实意义

第一，研究青海藏区政府的职能，对该地区经济和社会的发展有重要的意义。毋庸置疑，中国的改革是在政府主导下进行的，改革过程中出现的众多问题需要政府来解决。经济发达地区如此，青海藏区作为经济发展滞后的特殊区域更是如此。本书从政府职能的基本理论出发，结合国内外政府职能的成功经验，探索青海藏区政府职能的未来发展方向，研究成果对青海藏区政府部门的决策具有一定的借鉴意义。

第二，加深非正式制度影响经济发展的认识。当前，在国家众多政策的支持下，青海藏区经济得到了前所未有的发展。正式制度（如经济体制、法律、产权制度等）是保证政府与经济发展之间的关系网络朝健康方向发展的基础。对于青海藏区，在正式制度建设相对滞后甚至制度受阻的条件下，更要重视非正式制度对地区经济发展的影响。非正式制度的健康发展可以服务于正式制度安排，降低有关政策、法律实施的成本，降低利益集团的排他性，增强公共政策的民主性和合理性，有助于增加民众对正式制度的信任并维护其权威。

第三，为建立安定团结的经济发展环境打下坚实的基础。改革开放以来，我国东西部经济发展差距呈不断扩大之势，“目前中国已经成为世界上区域经济和社会发展差距最大的国家之一”。[①] 发展不平衡程度过大，会影响社会稳定。经济落后，长期处于贫困状态，这将会挫伤当地人民发展经济的积极性。如果不及时采取措施加以解决，会引起区域间的矛盾和冲突，尤其在少数民族地区，是社会稳定和经济发展的隐患。

第四，本书提出青海藏区政府的作用必须与能力相符，这有较强的现实针对性。在青海藏区这一特殊的区域内，政府亟须集中更大的能力以提高执政能力的有效性：选择做什么和不做什么至关重要；进一步则是选择如何做。

三、国内外相关研究综述

（一）国外研究现状

学术界关于政府职能的研究，有较为丰硕的成果。

较早研究政府作用的是古典经济学的创始人亚当·斯密（Smith. Adam）。亚当·斯密在《国民财富的性质和原因研究》（1776）中提出了“看不见的手”（Invisible Hand），认为实现经济增长，不需要政府对经济进行干预，市场这只“看不见的手”能够有效配置资源。亚当·斯密提出的政府三项主要职能是：保护社会免受其他独立社会的暴行与侵略；建立严格的司法行政职责，尽可能保护社会的每一位成员免予其他成员的不公正和压迫行为的伤害；建立和维持公共机构和公共工程。亚当·斯密认为超出这三个范围之内的政府活动是有害的，不仅导致资源配置恶化，还会滋生官员的腐败。因此，亚当·斯密限制了政府的作用范围，政府仅仅充当“守夜人”的角色。

约翰·梅纳德·凯恩斯在《就业、利息和货币通论》（1936）中也对政府作

① 国务院发展研究中心课题组．“十一五”规划基本思路和2020年远景目标研究［J］．改革，2005（5）．

用问题做了详细的论述。政策上，凯恩斯反对“自由放任”和“无为而治”的传统做法，实行国家对经济生活进行积极干预和调节；政府应当担负起调节社会总需求的责任，运用财政政策和货币政策刺激消费，增加投资，以消除大规模失业，摆脱经济萧条。凯恩斯主张政府要想办法促进有效需求，如增加工资以增加消费，采用累进税增加穷人收入，实行赤字预算与适度的通货膨胀政策。

约瑟夫·E. 斯蒂格利茨（Joseph E. Stiglitz）在《公共部门经济学》（第三版）中论述了市场失灵、政府干预、公共物品、税收原理等基本问题。其在《发展与发展政策》中讨论了从计划经济向市场经济的转型、全球性金融不稳定和全球化等一系列发展问题，并且对中国向市场经济转型过程中面临的挑战给予了特别关注。与发达国家相比，发展中国家通常面临着更加严重的市场失灵问题。政府的一个重要职能是去解决这些市场失灵问题。在制定发展政策最早的阶段，就应该认识到市场的这些局限性。在《政府为什么干预经济》中，斯蒂格利茨提出，政府不但不比市场效率差，而且由于政府的强制性职能，使它能做许多市场不能做的事。这样，政府就会在纠正市场失灵方面具有明显的相对优势。具体包括：①政府有征税权；②政府有禁止权；③政府有处罚权；④政府能节省交易费用。他认为，政府的公共政策应当定位于资源配置职能，通过发挥政府的再分配职能提高资源配置效率，以此可以解决市场经济中普遍存在的资源配置无效率现象。

查尔斯·沃尔夫在《市场还是政府——不完善的可选事物之间的抉择》中论述了经济政策制定的根本问题，即在经济体制的运作中，如何在市场和政府之间作出恰当的选择。沃尔夫指出，市场失灵需要政府出手缓解，效率低下需要市场竞争刺激。在经济发展中，市场和政府都是重要角色，中国不能从计划经济教条转向市场经济教条，两个极端都是有害的。不管是市场还是政府，在发挥效用的同时，都有着自身基因所决定的缺陷，市场失灵和非市场失灵都可能发生。在当前混合经济模式下，强调市场、政府二者的对立失灵本身是一个值得深思的问题。通常学者们所提倡的方式是，以第三部门为主的公民社会来实现，通过社会的自主治理增进社会信任、提高信息的充分度、降低交易成本，从而减少市场失灵可能性。

曼瑟·奥尔森在逝世前完成的《权力与繁荣》触及了他一生所关注的问题：为什么有些经济体表现如此抢眼，能够提供令人瞩目的财富与繁荣，而有些经济体却不能做到这一点；不同类型的政府是如何阻碍或者促进经济增长的。随着东欧苏联的经济转型，为什么市场经济没有能够在这些国家繁荣起来。在该书中，奥尔森认为政府在市场发展过程中起着至关重要的作用。对私人契约与个人财产权利的可靠保护，取决于政府要足够强大以保证这些权利的实施，同时政府又要受到足够的限制以避免这些权利受到侵蚀。他在该书中提出的“强化市场型政府”概念是分析经济增长的一个前沿性概念，并且为金融危机后的亚洲以及其他发展中国家的治理演变和经济政策提供了有用的分析框架。

史普博在《管制与市场》中探讨了政府对经济活动的干预和参与日益多样化，范围也日益广泛，该书从规范和实证两方面对政府管制进行了考察。

柯武刚、史漫飞的《制度经济学——社会秩序与公共政策》主要论述在发展中国家中进行的经济改革、在社会主义指令经济中发生的转变以及新兴工业经济中的控管问题。书中主要包括下列具有政策取向的讨论：制度的逻辑基础以及制度的重要性；为国内市场和国际贸易奠定基础的各种制度安排；政府的职能、私人选择和公共选择相对优点，以及对机会主义地运用政治权力的行为施加控制的办法等。

阿耶 · L. 希尔曼 的《公共财政与公共政策——政府的责任与局限》较好地整合了公共选择与公共财政两个领域。该书对为什么需要政府，什么时候需要政府，政府在现实中的实际表现和如何对政治过程实施限制提出了全面的、令人信服的解释。

詹姆斯 · N. 罗西瑙（JamesN. Rosenau）的《没有政府的治理》一书探讨了如果没有政府全球规模的治理将怎样运作；如果得不到一个政府有组织的支持，那么这些规则又由谁制定并加以贯彻。在政府的运作中，为满足某一制度的功能性需要而设计各种活动屡见不鲜，政府通常要么制定法律控制其国内行动，要么签署条约以规范其国际行为。然而，在当今全球变化迅猛、影响深远的时代，虽然政府仍然在运作，在许多方面仍然具有极大的权力，但他们的一些权力已经被次国家集团所分享。换言之，现在政府的一些治理职能，正在由非源自政府的行为体所承担。

默里 · L. 韦登鲍姆的《全球市场中的企业与政府》分析了政府和企业关系的两个方面：政府的政策影响到现代企业的行为和企业对政府政策的主要反应。其论述包含了政府在社会和经济两个领域的规章，并反映了公共政策近期发展的一些变化，亦即政府为什么和怎样来干预经济。

青木昌彦、吴敬琏的《从权威到民主：可持续发展的政治经济学》（2008）

以“如何从一个发展中国家进入现代国家，什么样的制度模式对经济增长是支持的，是可持续的”为主题，对不同国家的发展进行了比较，并指出东亚的经验表明：当一个落后国家开始起步的时候，一定的权威主义政府和政治体制可以调动资源取得经济增长；当经济得到高速增长后就会引发一系列社会问题。政府必须了解这些问题，并出台政策缓解矛盾，保持稳定性，才会不断持续发展下去。他们特别批评了一些国家政府的胡乱作为，指出干预市场的管制（劳动力市场管制和严重压制企业创办和破产的官僚体制）和政治制度（直接影响带来了基础设施严重匮乏等）的掣肘是可持续发展的大敌。

尼古拉·阿克塞拉的《经济政策原理：价值与技术》，主要考察了社会偏好（社会决策）形成的过程、制度选择以及政府的当期决策。具体内容包含了以下几个方面：社会偏好对社会制度的影响，特别是对在政府与市场之间选择的影响；理性公共行为的结构，描绘社会各经济主体的更加现实的情况以及界定和执行政府行为的过程；在封闭经济和开放经济条件下，在微观经济和宏观经济层面上，政府在各领域里的活动；等等。

赫尔曼·M. 施瓦茨的《国家与市场》，详细分析了国家与市场之间所展开的博弈——当市场力量损及国家时，国家会设法挫其锋芒；当市场力量对国家有所助益时，国家则乐于接受其发挥效力。该书旨在呈现并分析国家与市场在国际经济中的互动关系。作者认为，市场对生产的地理分布有着重要影响，而国家则通过推动或阻挠的方式来干预由市场所主导的生产分布与利益分配。国家对市场的干预时断时续，所导致的结果也往往令人始料未及。作者还深入探讨了现代国家与现代市场的历史起源、两者之间的关系沿革，以及这种互动对当代国际政治、经济体系的形成和演化产生了怎样的影响。

澳大利亚著名的政治学家和公共行政学家欧文·E. 休斯，在《公共管理导论》中探讨了全球化、市场化背景下政府职能的转换聚集于政府的新角色、新责任，全面评价了（新）公共管理在战略管理、财政管理、人事与绩效、电子政府以及管理的内外部要素等诸多层面的发展，系统、生动地呈现了传统公共行政机械式和（新）公共管理模式两种典范的博弈和变迁进程。

每年世界银行发布的《世界发展报告》中对政府的经济职能也有相关的论述。世界银行公布的《2009 年世界发展报告：重塑世界经济地理》，专门论述了解决全球和各国地区发展失衡的问题和建议。报告认为，经济的发展没有给每个地方带来繁荣，生产活动分散也不会必然地实现繁荣，而是需要更多经济、政治、政策条件的配合。报告提出，经济集中与生活水平趋同并行不悖的见解，认为这种趋同并不是市场机制的“自然结果”，而是市场机制和政府干预共同作用的结果。市场经济是人类迄今为止所发现的较有效地配置资源的形式，但市场经济不是万能的。一个有效的政府是经济与社会持续发展的必要条件，它能够对市场经济和个人活动起催化、促进和补充作用。中国应该将市场这一“无形之手”与政府这一“有形之手”相互紧握，共同成为重塑经济地理的正向作用力。政府在组织有效市场方面发挥着不可或缺的作用。改革开放初期，中国政府开始设立经济特区，并对基础设施建设进行大规模投资，进一步放松了城乡户籍限制，不断消除区域间贸易壁垒，这些顺应了经济地理规律的政府行为，有效地促进了资源的配置。在纠正市场失灵方面，政府也发挥着不可或缺的作用。通过大规模的财政转移支付，以及实施基本公共服务均等化，遏制了经济发展差距持续扩大；进行环境监管、不断加强生态建设，保障了生态安全，纠正了环境的市场失灵。

《2008 年世界发展报告》中论述了政府的新作用，报告指出，由于市场失灵非常普遍，尤其在传统农业国，客观上需要公共政策来保证理想的社会后果。政府在提供核心公共物品、改善私营部门的投资环境、通过引入激励机制和界定产权更好地管理自然资源等方面可以发挥作用。加强政府能力建设和强化政府在跨部门协调及与私营部门、民间社团的伙伴合作中的作用，对于实施“以农业促发展”的议程来说是非常紧迫的。

《2005 年世界发展报告》明确指出，政府有机会改善投资环境，给各类企业创造就业岗位，扩大生产规模。政府政策内容和实施的不确定性被列为发展中国家首要关心的问题。发展中国家存在的大量风险影响了商机，也打击了企业投资和创造就业的热情。报告指出，“90% 以上的企业都反映在政策和实际之间是有差距的，而且在许多发展中国家非正规经济在产出中占一半以上。政府需要缩小这些差距，并且正视有可能影响投资环境政策失误的深层根源。”报告主要提出了政府改善投资环境必须应对的深层挑战，即遏制腐败和其他形式的寻租行为。企业与政府官员打交道时，发展中国家的大多数企业都存在着严重的行贿问题，许多企业认为腐败是最迫切需要解决的障碍。由于有政治联系的企业施加的不成比例的影响也造成了政策扭曲，各国政府应努力做好基础工作，培育一个有益于所有企业和经济活动的良好的投资环境，使所有企业和经济活动都能受益。

《1997 年世界发展报告》以“变革世界中的政府”为主题，重新思考了政府的作用，提出政府以最小的社会代价，有效地采取并促进集体性行动，有效地提供集体物品的能力，并认为政府面临的基础任务是：①建立法律基础；②保持宏观经济的稳定，以及非扭曲性的政策环境；③加大对基本的社会服务与基础设施方面的投资；④保护承受力差的阶层；⑤保护环境。在目前西方国家的宏观调控实践中，通常把如何获得一个无通胀的稳定增长目标作为宏观调控的主要任务。

联合国开发计划署历年发布的《中国人类发展报告》，也对政府职能进行了深入的论述。报告不仅仅将人均收入作为衡量人类进步的标准，而且从人均寿命、文化程度以及整体利益等方面对人类进步进行评估。报告认为，人类发展的过程最终是“扩大人民选择机会的过程”。联合国开发计划署发布的《中国人类发展报告2007/2008》提出，加快建立惠及13亿人的基本公共服务体制，与政府出台刺激增长、防止经济增长放缓的新政策协调一致，旨在从根本上提高人民的生活水平，共享健康、教育、基本社会保障和公共就业服务，对于免受全球经济放缓带来的影响以及全面的机制和体制创新意义重大。联合国开发计划署驻华代表马和励先生指出：“政府将改善基本公共服务的供给作为重要的公共政策目标，其快速行动将有效缓解国内外金融危机和经济发展减缓所带来的挑战。”报告指出，近30年来，中国在人类发展方面取得了长足的进步，人类发展指数处于历史最高水平，接近“高人类发展国家”的标准但是挑战依然存在。沿海和内陆地区之间、城乡之间，以及城市户口人群与非城市户口人群之间的人类发展差距仍然在扩大。在中国改革发展的新阶段，保障每一个公民都能获得符合法定标准的、质量得到保证的教育、医疗、基本社会保障和公共就业等基本公共服务，是各级政府的核心责任。

《中国人类发展报告（2005）》对中国发展的不平衡问题进行了全面论述，并提出了一系列政策建议，帮助中国规划“追求公平的人类发展”的蓝图。报告针对当前中国所面临的不平衡问题，提出政府应通过税收（与具体支出项目无联系的强迫征收的费用）或非税收（例如使用费，受益者为交换政府机构提供的货物和服务而交纳费用）获得财力，再通过公共财政支出向全社会每个公民提供所必需的公共财政和公共服务。公共服务是政府为全体人民提供公共产品的基本手段和服务机制。

《中国人类发展报告（1999）》以“经济转轨与政府作用”为主题，从政府对市场失灵的纠正、对市场机制的创建、政府在收入分配中的作用、政府在人类发展中的地位和加强政府的能力等六个方面对中国国家职能的理论进行了阐述；从政府角度分析了改革过程中的主要发展问题，包括地区经济差距和生态环境问题等。报告提出，政府支持发展所应采取的行动如下：①支持多元化的金融体制；②加强宏观经济管理；③流动性；④加大基础设施投资；⑤加强管理责任；⑥支持创新投资；⑦努力消除壁垒，促进市场统一；⑧让政府更加负责，避免采取“增长优先”的战略，而要确立与人类发展方向一致的广泛目标。

（二）国内研究现状

1. 有关研究政府职能的专著

近年来，国内关于政府职能的研究成果也不断涌现，主要著作有：

刘华（2011）在《经济转型中的政府职能转变》中，以政府与市场关系作为研究的逻辑主线，在通过梳理政府职能基础理论以及进行政府职能国际比较研究的基础上，系统深入考察了我国市场化改革进程中政府职能所发生的变化及存在的问题，并结合当前我国经济社会发展实际，展望了政府职能转变的具体路径。

高小平、王俊豪、张学栋（2010）在《政府职能转变与管理方式创新》中结合全国各地政府的改革实践，针对改革开放 30 多年来不断深化的行政管理体制改革进行了深刻的反思，总结和探索了行政管理体制改革的规律。

王振中（2009）在《市场经济下的政府职能》中揭示了中国政府职能转换滞后的现状，分析了政府职能转换各个方面的基本要求，对于政府职能转换什么、怎么转换进行了充分的讨论。

吴爱明、沈荣华、王立平（2009）在《服务型政府职能体系》中介绍了政府职能的含义和发展演变过程，借鉴北欧、英、德、加拿大等国政府提供公共服务的经验，结合我国上海等地的政府职能改革实践，具体分析了目前我国建设服务型政府职能体系的价值取向和“软”、“硬”件条件。在此基础上，作者提出了一系列关于服务型政府职能实现方式的合理化建议。

包健（2009）在《区域经济协调发展中的政府作用》中从政府的视角研究区域协调发展，探讨了区域协调发展中政府作用的基础理论，剖析了中国政府在区域协调发展中的实际作用，总结了国内外政府区域协调发展的实例经验，探索了政府与市场之间的协调机制。

王东京、田清旺、赵锦辉（2008）在《中国经济改革 30 年：政府转型卷》中从历史发展演进的视角，将我国政府转型的历程划分为经济建设型政府、经济调节型政府和公共服务型政府，并认为和谐政府是我国政府转型的最终定位。

俞可平（2008）在《中国治理变迁 30 年（1978—2008）》中系统地分析和考察了改革开放以来中国治理改革的轨迹，分析了治理改革的原因，总结了治理改革的经验和教训，提出了解决这些问题的相关政策建议。

曹闻民（2008）在《政府职能论》中探讨了政府的角色与职能，并分析了我国在完善社会主义市场经济体制进程中建设法治政府、责任政府、服务政府和效能政府的途径。作者还从文化和哲学的视角考察了政府职能在全球化背景下转变的社会必然性及其现实特征，探讨了通过行政文化革新来达到改革政府、转变职能的目的。

赵晖、金太军（2008）在《转变政府职能与建设服务型政府》中系统梳理了国内外关于服务型政府的理论成果，同时结合我国一些地方政府建设公共服务型政府的实践，总结和提炼了我国服务型政府建设的基本思路与对策，从理论上探讨并提出了具体的、可操作的政府实行公共服务的新机制。

樊丽明、李齐云、陈东（2008）在《政府经济学》中系统阐述了政府经济学的基本原理和内容，介绍了西方国家政府经济政策制定中的成功经验，并探讨了新时期中国政府调节社会经济发展的基本方向，从多个角度和不同侧面提出了政府经济政策和调控方式改革的基本构想。

杜创国（2008）在《政府职能转变论纲》中，在梳理政府职能理论的基础上，综合运用政治学、经济学和管理学的知识和方法，研究了发达国家政府职能转变的经验和教训，回顾和总结了我国政府职能转变的历史、现状和问题，分析和探讨了构建和谐社会背景下我国政府的经济和社会职能。

井敏（2006）在《构建服务型政府：理论与实践》中，对服务型政府的基本理论进行了比较系统而全面的分析，包括服务型政府的理论基础、概念、内涵和特征，并针对中国的改革实践提出了中国行政改革的目标构建一个服务型政府。

王善迈（2002）在《市场经济中的政府与市场》中分析了处于经济转型中的国家政府与市场作用的边界及其相互关系，论述了在转型期，政府应该管什么，不应该管什么。

2. 研究政府经济职能的论文

除专著外，还有不少研究政府经济职能的论文。笔者在万方数据库中以“政府经济职能”为关键词进行检索，发现 2000 ~ 2010 年共有 110 篇期刊论文，80 篇学位论文。笔者以学位论文为基本线索，把有关政府经济职能的论文分为以下几类。

第一类，论述转型期中国政府经济职能。例如，夏静波（2007）的《转型期政府经济职能研究》，以外部性、公共物品和垄断等市场失灵的领域为切入点，集中于制度和微观层面，指出实现经济体制的平稳过渡，关键就是要适应新的制度需求有效地提供制度供给。徐衣显（2006）的《转型期中国政府经济职能机理矫正与机制创新》，分析了计划经济体制下政府经济职能内在机理的缺陷和实践中的困境，探讨了适合社会主义市场经济条件的政府经济职能的内在机理。付娟（2006）的《转型期中国政府经济职能的重塑》，在结合转型时期中国政府经济职能现状的调研和分析的基础上，针对中国加入世贸组织后政府在经济发展中的作用，对转型时期我国政府经济职能的重塑展开了讨论。于波（1998）的《转型期政府经济职能的相关分析与探索》，研究了转变政府经济职能与政府机构改革的相互关系，探讨了机构改革陷入循环“怪圈”的原因，探索了转变政府专业经济管理职能、建立新型行业管理体制的一般模式。

第二类，从经济全球化背景下论述中国的政府经济职能。例如，刘希梅（2003）的《经济全球化条件下的中国政府经济职能研究》，分析了经济全球化趋势对发挥政府经济职能带来的机遇与挑战，提出了转变政府经济职能的对策。李森（2003）的《经济全球化下中国政府的经济职能分析》，探讨了在经济全球化趋势下如何加强和发挥宏观调控，规避经济风险，维护国家的经济安全。

第三类，从地方政府切入，探讨市场经济条件下的政府，尤其是地方政府的经济职能。例如，张建英（2009）的《中国地方政府经济职能的转型研究——以苏州市为例》，把经济学分析方法与政治学分析方法结合起来，把经济因素和政治因素当作内生变量，从理论上定位转型期中国地方政府的经济职能，并在此基础上提出中国地方政府经济职能实现成功转型的路径和策略。唐月（2006）的《经济全球化背景下东部地方政府经济职能问题研究》，讨论了在经济全球化背景下东部地方政府经济职能转变的必要性、转变方向与实现途径。刘雪辉（2007）的《现阶段县级政府经济职能研究》，重点归纳了县级政府经济职能的定位原则和职能内容。王黎萍（2007）的《论完善我国地方政府的招商引资职能》，以研究地方政府的招商引资职能为线索，以宏观的招商引资环境为背景，结合地方政府招商引资的个案分析，对地方政府的招商引资职能问题及其深层次原因作了较为全面的剖析。赵京（2006）的《西部经济发展中的政府作用——一个基于关键领域的政府经济职能分析框架》，对欠发达地区经济发展中政府干预的支持性理论进行了简要回顾，对西部经济发展滞后的原因从政府职能视角进行现实剖析，对我国西部经济发展中政府的关键经济职能给予了界定。

第四类，对国外政府经济职能的研究。例如，董鸿波（2004）的《当代资本主义国家政府经济职能变化的再认识——以西方经济学为视角》，结合当前理论界关于当代资本主义新变化的研究，以西方主流经济学为理论视角，分析当代资本主义国家政府与市场关系的变化，并以此为基础思考社会主义初级阶段市场与国家的关系以及社会主义国家政府的经济职能。徐平（2002）的《政府经济职能研究——对日本政府经济职能的历史考察与理论探讨》，根据日本经济发展的历史进程，研究了日本从明治到平成时期经济发展过程中政府经济职能在不同阶段的运行背景、实施手段、特征及经济绩效。

特别需要指出的是，温家宝总理（2004）将市场经济条件下政府的主要职能归纳为经济调节、市场监管、社会管理和公共服务四个方面。政府在提供公共服务时要以公平为目标，适当向弱势群体倾斜。当前中国最突出的问题是弱势群体的生存和发展的基本权益得不到有效保障，因此政府需要做以下几个方面的工作：①要为农民工提供最基本的人身权利保障，建立有效机制，解决农民工工资拖欠、劳动环境恶劣等相关问题；②各级政府要强化就业服务职能，关注城镇待业人员和大中专毕业生的就业问题；③建立最基本的救济体系，为城市下岗失业职工提供有效保障；④要严格保护居民的财产权，建立合理的补偿机制，妥善解决城市建设中的房屋拆迁矛盾；⑤建立社会危机的预警机制和责任机制，由中央政府统筹规划，明确地方政府在防范和化解危机中的责任。同时，政府需要注重的问题是环境的治理。

此外，笔者在万方数据库中以“青海藏区”为关键词进行检索，共有18篇期刊论文，2篇学位论文。其中，期刊论文的研究内容主要包括青海藏区习惯法、生态保护、社会稳定、资源开发等方面，没有涉及有关政府职能方面的研究。2篇学位论文分别为杨虎得的《国家认同与青海藏区社会稳定研究》（博士论文）、马军的《明朝对青海藏区的施政方略研究》（硕士论文），两篇论文均未涉及当前青海藏区经济发展中政府职能问题。笔者在文献检索中发现，研究藏区经济发展中政府职能的专著、论文非常少，对于藏区研究，学术界侧重于对生态环境、旅游业、民族文化等方面的关注，对青海藏区经济发展中政府职能的研究，目前尚未系统涉及，这正是笔者写作本书的原因之一。

四、研究方法与创新之处

（一）研究方法

（1）逻辑演绎与历史分析相结合。我国经济体制由计划经济转向市场经济，经济体制的转变必然会导致政府职能发生改变。以此为基础分析青海藏区经济发展中的政府职能时，必须明确这种经济体制的转型是政府主导的，而不同于一些发达国家历史上的自发性转型。因此，研究青海藏区经济发展中的政府职能时，一方面要厘清政府职能的历史演变过程，同时也要从逻辑演绎中推导出政府职能随经济体制演变的必然性及其路径依赖。

（2）理论研究和实证分析相结合。本书在分析青海藏区经济发展中的政府职能时，既借鉴了发展经济学、制度经济学、区域经济学中的一些理论成果，同时也通过实地调查获得了大量的第一手材料，并在此基础上展开实证分析。

（3）比较分析法。研究政府在青海藏区经济发展中的职能，一方面需要借鉴发达国家的经验；另一方面也要参考我国东部经济发达地区的经验。因此，运用比较研究法，既可以扩大视野，又不照抄照搬。

（4）问卷调查研究法。本书运用经过信度、效度等检验制定的调查问卷，经过科学抽样，进行问卷调查，并在得出第一手资料后进行了归类分析。

（二）创新之处

本书以政府经济职能为切入点，以青海藏区为视角，以社会经济发展为宗旨，重点探讨以下几个方面的问题：分析社会主义现代化建设新时期青海藏区少数民族群众的经济社会状况，揭示影响地区政府职能的因素及深层原因；考察中国历史上中央政府在该地区的施政方略，探讨这些政策方略在维护地区稳定和促进地区经济发展方面的影响、重要意义及对后世的启示；探寻我国社会主义现代化建设新时期加强青海藏区政府职能的途径和机制。

通过上述问题的研究，本书力求在以下方面有所创新：

（1）研究视角上的创新。对青海藏区的研究，大多主要侧重于对其历史、生态环境、旅游业、人文环境等方面的研究，只是强调如何保护环境、如何调整产业政策、发展循环经济等某一侧面。本书以青海藏区的政府职能为视角，以政府职能与经济发展的互动关系为基本分析框架，研究成果具有总括性、战略性特点，从而拓展了本领域研究的视野。

（2）研究方法创新。针对以往学术界相关研究着重以规范化研究为主，存在从理论到理论的逻辑推演为特征的研究倾向，本书在研究方法上注意以实证研究为主，注重调查研究，突出区域性特征，论证材料具有原创性。

（3）提出了一些新的思考和见解。本书在掌握丰富的第一手调研材料的基础上，将其上升到理论层面，运用学术界的相关研究成果和多学科视角进行阐述，对学术界一些观点予以驳难，提出了新的看法和主张。如首次将青海藏区经济发展中的政府职能定位在：提供基本的公共产品、保护地区生态环境、维护地区稳定、制定适宜的经济政策等方面；进一步梳理政府治理青海藏区的历史变迁过程，以及不同阶段所采取的政策产生的效果；提出在青海藏区经济发展中政府不是单方面扮演“大政府”或“小政府”的角色，而是各级政府之间要保持高度的“心有灵犀”。青海藏区政府在执行具体的宏观政策方面，必须与中央保持高度的一致，同时也应该充分利用民族区域自治法赋予的权利，有选择地整合适合地区经济发展的一些政策，这样就能够破除一些长期困扰经济发展的障碍，适应不断变化的政治经济形势，及时抓住转瞬即逝的机遇，摆脱僵化意识形态的束缚，遏制不利因素的干扰，不断推进制度与政策创新。

第一章　青海藏区人文地理与经济发展状况

一、青海藏区的自然地理环境

青海藏区位于青藏高寒区的东北部。地势高耸、奇峰连绵、雪山环绕、气候寒冷、长冬无夏、河湖密布、土壤发育不良、自然灾害频繁。环境的异常恶劣和人民的朴实忠诚，构成了青海藏区唯有的自然及人文景观。

（一）高山与盆地

青海藏区主要包括青海海北藏族自治州（以下简称海北州）、海南藏族自治州（以下简称海南州）、黄南藏族自治州（以下简称黄南州）、果洛藏族自治州（以下简称果洛州）、玉树藏族自治州（以下简称玉树州）和海西藏族蒙古族自治州（以下简称海西州）六个区域，是全国藏区的重要组成部分。青海藏区东部与青海海东地区相连，西南部毗邻西藏自治区昌都和那曲地区，东南部达四川省甘孜藏族自治州，西北角与新疆维吾尔自治区巴音郭楞蒙古自治州交界，北部与甘肃省的天祝、山丹、民乐、甘南县接壤。东西横跨约1000公里，南北纵跨800公里，总面积为69.6万平方公里，总人口187.71万人。[①] 青海藏区自北向

① 青海省统计局、国家统计局青海调查总队．青海统计年鉴（2010）［M］．北京：中国统计出版社，2010.

南依次为祁连山—阿尔金山、柴达木盆地—共和盆地—黄南低地、东昆仑山、青南高原、唐古拉山。从高山到盆地，相对落差达4000米。

1. 巍峨的高山

青海藏区地形的基本框架由祁连山—阿尔金山脉、昆仑山—阿尼玛卿山脉、唐古拉山—巴颜喀拉山脉三组山脉构成。北部的祁连山—阿尔金山系呈弧形，绵亘于青藏高原北缘，敦煌以南的当金山口为两大山的分界处。当金山口以东至乌鞘岭是祁连山（古匈奴语，为天山之意），北靠河西走廊，南达柴达木盆地。山系长900~1000公里，宽200~300公里，由一系列北西西—南东东平行走向的褶皱—断块山脉与山间谷地相间排列组成。大部分山脉海拔逾4000米，山峰较多，景观垂直分异显明，格状水系发达。祁连山系东段最南一段的拉脊山，藏语意为“湟水南面的山”，为黄河干流及其支流湟水的“分水岭”，是一条从西北向东西延伸的条形断块山，西北部与日月山相接，向东南部延伸至黄河之畔，东西长170公里，最宽处为10公里，海拔3500~4000米，年降水量400~500毫米以上，河网密布，多呈树状水系，植被条件较好，为森林、高山草甸、旱作农业区。而与拉脊山相接的是日月山（史称“赤岭”）。此山是我国季风区与非季风区、外流区域与内流区域的分界线，也是黄土高原最西部、青海省内农业区与牧区的界山，东西两侧的自然景观差异分明。当金山口以西为阿尔金山，呈北东—南西走向，是柴达木盆地与塔里木盆地的界标，境内长约370公里，宽15~20公里，平均海拔4000米。

唐古拉山（藏语为“台阶形的山”）隆起于可可西里盆地和藏北高原之间，是青海省与西藏自治区的界山。山势呈北西西—南东东走向，海拔5400~5700米，宽约160公里，6000米以上的雪峰21座。山体北坡平缓，与高原面差1000米左右，地势自西北向东南倾斜。由于年平均气温-4℃以下，多年冻土发育面广，厚度可达100米，冰川积雪融化成为怒江、长江、澜沧江的发源地。巴颜喀拉山，蒙古语为“富饶的青（黑）色山”，藏语称“茶拉”（华丽的山）。位于青海省中南部，境内长750公里，宽100~150公里，海拔4000~5000米。呈西北—东南走向，西北部接可可西里山，东南部连邛崃山、岷山，是长江和黄河源头的“分水岭”。

位于中部的昆仑山—阿尼玛卿山系长达2500公里，平均海拔5500~6000米，许多山峰逾7000米，被誉为“万山之祖”（藏族同胞称“闷摩黎山”，意即“紫山”，以作神山而敬拜）。昆仑山分东西两段，在东经89°20′进入青海境内的

为东昆仑山，横亘于柴达木盆地以南，青南高原以北。由一系列平行山岭（祁曼塔格—阿尔格山、布汉布达山、阿尼玛卿山、可可西里山、巴颜喀拉山等）组成，构筑了柴达木盆地西南部的天然屏障，山势越向东越低，而谷地越向东越宽，中间夹有扎陵湖、鄂陵湖及黄河源谷地。昆仑山系中列最东部的阿尼玛卿山（又称大积石山、玛积雪山，“阿尼”为安多藏语的译音，即先祖老翁之意；“玛卿山”为藏语，是黄河源头最大的山，当地藏族群众视为神山），呈西北—东南走向，黄河绕流东南侧，青海境内长220公里，宽40～50公里，海拔5000～5500米，山脊与谷地之间高差超过1000米。

2. 星罗的山间盆地

青海藏区的盆地多为构造断陷盆地。柴达木（蒙古族语，“盐渍”之意）盆地位于青海藏区北部，北纬35°13′～39°18′、东经90°07′～99°20′。盆地海拔2700～3500米，远远高于祁连山以北的河西走廊盆地（1000～1500米）。盆地周围被阿尔金山—祁连山和东昆仑山及其支脉所环绕，东西长700公里，南北宽150～200公里，面积约20万平方公里。地势呈西北高东南低，地表以剥蚀裸露为主。盆地内分布有新月形沙丘链、格状沙丘链和纵向沙丘红柳沙包。西北部在长期风力作用下形成大片长数百至数千米、宽数米至数百米、深数米至数十米的风蚀残丘和槽形低地（“雅丹”地貌呈长垄状，色白，古人而称“白龙堆”）；北部有一系列西北—东南走向的山地，主要由变质岩组成，包括赛什腾山、绿梁山、锡铁山、牦牛山等与祁连山相连，海拔多在4000米左右，相对高度1000米以上，这些中低山间形成一连串次级山间小型盆地，如大、小柴旦盆地，德令哈盆地，希里沟盆地等，盆地内有良好的水热条件。山麓地带以洪积扇为主。南缘洪积扇规模较大，受那仁格勒河、乌图美仁河、格尔木河、诺木洪河、柴达木河等强烈流水作用而成。山前洪积物和冲积物形成的洪积平原，沿昆仑山北麓东西延伸数百公里，平均宽度为25公里左右，最宽处达50公里。从山地向盆地内部依次为砾石带、沙土带和细土带，沙土带的下部和细土带的上部水土条件良好，此为环盆地绿洲带，但因各地条件不同，此带并不相连，而是断续分布。在盆地中部、南部，地势低洼，潜水面极高，形成大面积沮洳地、盐沼。柴达木盆地海拔较高，常年盛行西风，输入的水汽很少；夏季风可影响到盆地东部边缘，有少量降水，因此降水量由东向西减少。由于山势逶迤、气候极端干旱、无灌溉即无农业，以致有“柴达木，南昆仑，北祁连，八百里瀚海无人烟，天上无飞鸟，地上不长草”之古谣流传。

青海湖盆地处于青藏高原东北边缘，是祁连山系中最大的内陆山间盆地，面积约3.5万平方公里，由海拔4000～4500米的大通山、日月山、阿木尼克山和青海南山所环绕，中间地势平坦，平均海拔3200～3500米左右。青海湖位于盆地最低处。盆地地貌复杂多样，从盆地山地顶部至底部，依次为低中高山、丘陵、河谷平原、冲积平原、滨湖平原、水面，呈阶梯状分布。气候以干旱寒冷为特征。土壤多为湖积沙壤，土层较薄。滨湖周围以针茅、芨芨草、赖草为主的草甸化植被，而坡地则是高寒草原。

共和盆地位于青海南山和鄂拉口之间，东至瓦里关山和龙羊峡库区，南达茶卡盐湖，东西长160公里、南北宽30～40公里，面积5400平方公里，底部海拔3000米左右，呈西窄东宽的狭长地带。黄河以南西—北东向贯穿盆地，因强烈侵蚀下切，在两岸形成了宽展的冲积平原，具有明显的三级高阶地（台地）的特征。阶地上地势平缓，宜发展农牧业。

（二）气温与气候

1. 低温，干燥少雨

青海藏区年均气温变化在－5.6℃左右（五道梁），等温线大都被高山、高原分割成不规则的闭合带状分布。山地区形成暖区、次暖区、冷区（海拔4000米以上祁连山地等广大区域年均温－4～6℃以下）、次冷区（上述地区外的其他区域，年均温－2℃左右），最高年均温与最低年均温相差15℃之多。祁连山地年均温度在0～4℃，最暖月气温在4～8℃。高原气温年变化较小，年温差（一年中最暖月的平均气温与最冷月平均气温之差）较小，气温日较差大（日较差是指昼夜最高气温与最低气温之差）。[①] 冬季最冷月平均气温为－26.3℃左右（祁连托勒），极端最低气温达－39.8（尖扎）～－48.1℃（玛多），夏季最热月均气温为5.4℃（五道梁），极端最高气温为21.0℃（甘德）/35.5℃（察尔汗）。

青海藏区年降水量分布不均。年均降水量由东南部向西北部递减，而且地区差异悬殊，如17.6（冷湖）～764.4毫米（久治）。柴达木盆地降水极少，大部分地区降水量仅25～50毫米，成为雨量最少的地区。同时，降水量随季节变化明显，巴颜喀拉山以北降水集中在5～9月，以南集中于6～9月，此时的降水量占年总降水量的80～90%，其中7～8月的降水量甚至可达全年的一半，11月至

---

① 南文渊．中国藏区生态环境保护与可持续发展研究［M］．兰州：甘肃民族出版社，2002.

次年3月各地降水量极少，仅为年总量的1%～5%，其余月份的降水为全年降水量的10%～20%。青海藏区的降水量形成夏季多，冬季少，春雨少于秋雨的特点。

2. 日照强烈，空气稀薄

青海藏区因降水量少，空气非常干燥，相对日照百分率一般在60%以上，年日照时数为2300～3600小时，比同纬度地区的华北平原、黄土高原相对偏多400～700小时，其中柴达木盆地（3000小时以上）、冷湖最多，为全国高值区；特别是夏季白昼时间长，太阳辐射量十分充足。

年均气压在580～820毫巴，大部分地区气压在650毫巴以下，仅为海平面的2/3。空气密度多在0.72～1.2千克/立方米，仅为海平面的56%～80%。高原大气的含氧量随空气密度减少而减少，含氧量大都在0.174～0.233千克/立方米，比海平面平均低20%～40%，纯水的沸点大部分地区只有85～94℃。

3. 多风，旱季、雨季分界明显

青海藏区的降水集中在5～9月下旬。这段时间的降水量占年总降水量的90%左右。每年的1月至次年的4月为旱季，此时的气候呈现干旱、寒冷、多风的特点；雨季明显具有日晴夜雨、多雷暴特征。由于受气压分布形势和大气环流的影响，在大风（8级以上，风速17.2m/s）地域分布上具有西部大、东部小，高原多、盆地少的特点。柴达木盆地中西部、青南高原西部及祁连山地中西段年均风速在4米以上，其中阿尼玛卿山区风速在每秒17米以上，可连续刮15天以上。年均大风日数青南高原在50天以上，西部超过100天，柴达木盆地在25天左右，其他地方10天以下。每年2～4月，多刮大风，风起尘飞，水平能见度1000米以下，俗称“黄风”。沱沱河、曲麻莱因受青南高原西部沙砾的影响，沙暴多达19天，年均沙暴日40小时以上。

（三）河湖与湿地

1. 内外流河区域

青海境内沿东北向西南冷龙岭—大通山—日月山、青海南山—鄂拉山—布青山—博卡雷克塔格—乌兰乌拉山—祖尔肯乌拉山—各拉丹冬雪峰至青藏边境一线的东南部为外流区域，面积34.86万平方公里，此流域河网密集、流程长、径流丰富；集水面积500平方公里以上的河流187条，300平方公里以上的河流287条，河道长度大于100平方公里的有42条。外流区域又分为长江、黄河、澜沧江三大水系。此线的西部为内流区域，不仅河流数量少，水量也小，所以流程不长，不能远达海洋，而是渗入地下或流入洼地湖泊。内流区域面积 37.44 万平方公里，占全省总面积的 51.8%；集水面积 500 平方公里以上的河流 91 条，300 平方公里以上的河流 148 条，而河道长度在 100 平方公里以上的有 23 条。此流域由柴达木盆地、青海湖盆地、茶卡—沙珠玉盆地、哈拉湖盆地、祁连山地、可可西里 6 个水系组成。

此外，青海藏区多季节性河流，其水源多以冰雪融水补给为主，其水位高低、流量大小与气温高低成正比。每年 7～8 月气温升高，冰雪消融量大，河流水量大；9 月后气温低，冰雪消融停止，河水流量小，甚至断流。如柴达木盆地内水系水源多为昆仑山冰雪，流量的季节性明显，进入盆地戈壁带后多潜入地下。

2. 湖泊密集，多呈咸水湖或盐湖

区内湖泊多数在海拔 4000 米以上，为地球上最高的湖区。主要分布在祁连山南部（青海湖、茶卡盐湖等）、柴达木盆地低洼区（东达布逊湖、西达布逊湖等）、长江黄河源头区（乌兰乌拉湖、扎陵湖、鄂陵湖等），其中，可可西里内陆区面积 4.52 万平方公里，湖水面积大于 21 平方公里以上的湖泊 107 个，面积 3825 平方公里，集中了乌兰乌拉湖、可可西里湖等 7 个 200 平方公里以上的大湖，湖面海拔高，具有典型的高原湖泊特色。

由于没有出口、蒸发剧烈而盐分浓缩，多数内陆湖为咸水湖或盐湖。中西部以咸水湖居多，1 平方公里以上的咸水湖 86 个，面积 826 平方公里。而盐湖主要集中在柴达木盆地，以茶卡盐湖和察尔汗盐湖为最。青海湖是全国最大的内陆咸水湖，海拔 3193 米，平均水深 17.7 米；水温很低，所以浮游生物稀少。湖中有海心山、海心西山、鸟岛、沙岛及弧插山五个岛屿，其中，海心山在藏传佛教信徒的心中是一座神山。

3. 湿地

青海藏区境内湿地分布范围广大。三江源区（主要集中于北纬 32°40′～35°4′、东经 90°40′～99°10′），尤其是长江河源区沼泽湿地分布面积达 8000 平方公里，其沼泽湿地分布海拔可至 5350 米，为世界上海拔最高的沼泽湿地。根据水文、生物、土壤等基本要素可将湿地分为三个基本类型：①湖泊湿地，以湖泊为主体而形成，如黄河源区以扎陵湖、鄂陵湖及星宿海的小湖泊群为代表；②河流型湿地，因湿地周围水系发达而构成的湿地类型；③沼泽型湿地，在高原低温、冻融

作用等冰缘环境下形成的湿地。湿地土壤常呈水饱和状态，生长沼生或湿生植物，构成了高寒湿地特有的景观生态类型。

（四）土壤与生物

1. 土壤—植被

青海藏区各地土壤类型呈多元性。柴达木盆地以东属于地带性土类多，主要有灰棕漠土和栗钙土。母质以黄土或红土状物质为主，植被纯属为荒漠草原。灰棕漠土在温带荒漠地区有较大面积，如柴达木西部。这类土壤母质较粗，发育不成熟，植被稀疏，以强旱生和盐生植被为主。黑钙土为半干旱草原区土壤，母质以黄土状沉积物和坡积残物居多，分布在青海湖盆地区等海拔 2400 ~ 3000 米山地下部和黄土丘陵上部。非地带性的风沙土，集中在柴达木盆地、青海湖盆地和青南高原江河源区，成土时间短，土壤有机质含量很低。高山草甸土是在寒冷、半湿润气候和高山草甸植被下发育而成，为青海高山地区的主要草场土，分布于青南高原东南部和祁连山东部地区，植被以针茅为主的高寒草原，牧草生长低矮，营养价值高。高山草原土集中在唐古拉山以北、东昆仑山以南、祁连山以西和阿尔金山地区，草原植被生长良好，覆盖度高。在一些高大山系的山坡上分布着一系列随高度变化而有规律分布的土壤—植被，山地土壤—植被的垂直带，主要包括山地荒漠、温性草原、寒温针叶林、高寒草原、高寒灌木、高寒草甸、垫状植被、高山冰雪带等，这极大地丰富了青海地区植被—土壤的多样性和植物组成的复杂性。

2. 野生动物

由于青海藏区特殊的高原地理环境，大中型动物种类多，如最能适应荒漠环境的野牦牛、野骆驼、藏羚羊、白唇鹿、藏野驴、黄羊等。一般情况下，在水源较多、草木丛生或山地有林木的地方，动物密度较大，如鼠兔、藏旱獭、鸟类等，多集中在草原、河湖地段。生物类群丰富。在长江、黄河源区属湿地植物的种子植物 316 种、隶属 117 属、31 科，分别占青海高原种子植物总种数 2662 种、总属数 613 和总科数 100 科的 11.87%、19.09% 和 31.00%。湿地动物类群有鸟类、哺乳类、鱼类、两栖类等。据实地考察，长江源区湿地常见的水禽有 29 种，如斑头雁、赤麻鸭等；在黄河源区的扎陵湖、鄂陵湖、星宿海等处有黑颈鹤、鱼鸥等水鸟活动。柴达木盆地鸟类最少，基本没有攀禽。长江及黄河发源地的高寒沼泽湿地及其附近生境中野牦牛、藏野驴等珍稀动物出没。鱼类多样，仅在长江源区发现的高寒冷水型鱼类有 19 种，主要有裸腹叶须鱼等。长江源区的两栖和爬行类动物有中国林蛙、西藏齿突蟾等。① 此外，中药材资源种类繁多，其中冬虫夏草（简称虫草）等名贵药材为本区著名特产，它是一种昆虫与真菌的结合体，分布在海拔 3800 米以上的高山雪线地带。

二、青海藏区人文环境及影响

青海藏区鲜明的地域特征，孕育了该地区特殊的人文环境。加快青海藏区经济发展，需高度重视地理、人文环境的影响。

（一）青海藏区人文环境

人文环境是指人类在改造客观世界的过程中形成的精神文化、制度文化及其派生物的综合，主要包括思想观念、制度文化、伦理道德、风俗习惯、宗教信仰等。正如德国社会学家马克斯·韦伯所认为的："任何一种类型的经济，如果它要求一种与这个伦理道德相违背的民族精神，那么这种经济就不会发展，反之，如果一种经济与这种伦理道德相一致，那么它将兴盛起来。"多民族地区的经济类型受到典型的宗教文化的影响，文化因素融入到人们的行为当中。民族地区人们的社会行为，不仅是受生态环境影响的产物，更是受人文历史沉淀影响的结果。

1. 宗教信仰

恩格斯说："一个部落或民族生活于其中的特定自然条件和自然产物都被搬进了它的宗教里。"② 作为一种文化现象，宗教是维护社会统一、协调、系统化、整体化的工具。正如马克斯·韦伯在《新教伦理与资本主义精神》中所言：宗教伦理作为意识层面的行为，表面上似乎与政治或经济生活无关，但实际上人们在政治或经济领域的言行要受内在信念的影响，个人内心的东西透过物质层面发挥影响。

① 《三江源自然保护区生态环境》编辑委员会．三江源自然保护区生态环境［M］．西宁：青海人民出版社，2007.

② 马克思恩格斯全集（第 27 卷）［M］．北京：人民出版社，1956.

青海藏区是多民族、多宗教地区。这里居住着汉、藏、土、回、蒙、撒拉等多个民族，其中土族和撒拉族是青海世居的少数民族。在这里，宗教作为一种特殊的文化现象，已经渗透到各民族的政治、经济、文化和社会生活中，直接影响着人们的思维方式和心理状态。对青海藏区的各民族而言，有关人生价值、道德观念、节日习俗、风俗人情、婚丧嫁娶，甚至农牧生产等诸多方面，无不受到宗教的强烈影响。宗教文化是青海藏区各民族文化的重要特点和极其重要的组成部分。

2. 思想观念

思想观念是对某一事物或现象的认识、观点和看法。思想观念一旦形成，会对人们的行为产生驱动、导向和制约的作用。思想观念可以发挥重要的独立分析作用。这种作用可能会产生一种整体性传播效应和区域性的“政策模式”，或产生一个滴入过程，即最初被学者们接受的观念继而会被作为其政策而向政治领导者提出。正如彼得·豪所说的：“观念在政治世界中拥有真正的力量，但它们不能从现有的制度和利益安排中独立地获取政治力量。”①

青海藏区民众的思想观念呈现出以下几方面的特征：

一是有关市场经济的观念比较淡薄。体现在经济方面，便是对土地的眷恋，对外部世界变化的无助，以及对追求财富欲望的压抑。

二是传统意识强烈。在青海藏区的一些地区，家族、部落意识浓厚，重视血缘和地缘关系，现代社会观念淡薄。

三是法制观念有待加强。受历史传统影响，部落习惯法在青海藏区民众社会秩序调解中发挥着重要作用，与社会主义市场经济相适应的现代法制观念还未完全确立起来。

3. 制度文化

“制度”（Institution）可以界定为工作规则的组合，它通常用来决定谁有资格在某个领域制定决策，应该允许或限制何种行动，应该使用何种综合规则，遵循何种制度，必须提供或不提供何种信息，以及如何根据个人的行动给予回报。从广义上来说，制度由道德约束力、禁忌、习惯、传统和行为准则等非正式约束和正式的法规所组成。对一定地区的社会经济发展来说，各种制度构成了该地区制度文化环境，它是一系列用来建立生产、交换与分配基础的基本的政治、社会

① Peaer A. hall. The Political Power of Economic Ideas［M］. Peireton：Princetion Oniversity Preses，1989.

和法律规则，具体包括社会制度、政治制度、家庭制度、法律制度、经济制度、教育制度等。①

青海藏区的制度文化呈现以下几方面特征：

首先，管理制度相对落后。到目前为止，青海藏区还没有建立起配套的符合市场经济发展的管理体制，政府在经济发展中仍然处于主导地位，地方政府的很多管理部门权力高度集中，实行大包大揽。同时，政府的社会管理职能和公共服务职能没有得以很好的发挥。

其次，立法相对滞后。市场经济就是法制经济，在市场经济条件下，政府依靠完备的法律制度，对经济进行适当的干预。对于青海藏区而言，立法的滞后，使得投资者的利益受损后而得不到法律的援助，地方政府难以给投资者提供比东部地区更加优惠甚至同等的投资环境，这直接影响了青海藏区经济的发展。

最后，教育制度不完善。受特殊的自然地理环境影响，青海藏区民族教育发展十分滞后，教育制度不完善。据有关材料显示，青海省未实现“两基”目标的16个县，均分布在藏区。同时，这些县的初中入学率平均在40%～60%，其中最低的仅为14%；小学入学率90%以下的藏区四县是囊谦县、杂多县、曲麻莱县、泽库县，其小学入学率分别为89%、68%、73%、73%；初中入学率分别为31%、16%、20%、14%。青海省九年义务教育人口覆盖率为93.5%，而青海藏区六州平均只有70%。教育资金短缺，高等教育发展缓慢、办学条件差、教学水平低。同时，师资水平、网络技术等其他教学设备都相对落后。教育制度的不完善，以及低水平的教育规模，都影响和制约了青海藏区的经济发展。

4. 风俗习惯

风俗习惯是人们在日常活动中世代沿袭和传承的社会行为模式，包括三个方面：

一是惯例，即人们在日常生活中必须遵守的某些规则。

二是禁忌，即在社会生活或生产劳动中禁止做的一些习俗。

三是人生礼仪，即依据人不同的生长阶段衍生出的一些习俗。风俗习惯不像法律靠明显的强制力来约束民众的行为，而是通过约定俗成的隐形的规则和内在的力量来规范民众的行为。

青海藏区的风俗习惯呈现以下特点：

---

① 谢俊春，马克林．西部人文环境优化研究［M］．兰州：甘肃人民出版社，2002.

一是带有明显的宗教性。青海藏区的藏传佛教、伊斯兰教等，将自身的教义、教规，通过禁忌、节庆等形式，深入到信仰者的衣、食、住、行等方方面面，从而使宗教文化与日常生活融合在一起，形成了特有的宗教习俗文化。

二是风俗习惯中包含有大量的禁忌。禁忌是人们为了避免某种臆想的超自然的力量或危险事物所带来的灾祸，从而对某种人物和言行的限制或自我回避。[①] 在长期的生产、生活中，青海藏区民众形成了众多禁忌，对规范其行为有着重要影响，体现出明显的强迫相同性。研究青海藏区经济发展问题，必须要重视风俗习惯问题。

5. 伦理道德

少数民族伦理道德文化是各民族人民根据自己特定的经济、社会和文化生活，按照自身的思想、意志、行为标准和要求创制而成，并为本民族人民所共同遵行的文化。任何民族道德规范的产生，都源于这个民族自身存在和发展的需要，源于个人融入社会的内在需要。伦理道德本身所具有的积极作用，能够帮助社会中的每一个人更好地认识社会现实，并依据社会的道德规范来调节人与人之间的关系，从而确保社会生活的和谐有序，确保社会成员和整个社会的顺利发展。

（二）人文环境对青海藏区社会的影响

特定的人文环境对人们思想、观念、行为起着潜移默化的作用。青海藏区特殊的人文环境，对藏区社会的影响更加明显。

人文环境的积极作用具体表现在以下几个方面：

一是约束作用。人文环境对个人行为和社会团体行为起着重要的约束作用。为了保持良好的社会秩序，不同的社会都有自身独特的社会规范，即依据自身经济、文化等方面的特性向全体社会成员提出的行为准则，或要求人们遵守的一些特定规则和方式。人文环境的约束性主要表现在宗教信仰、伦理道德、风俗习惯等方面。青海藏区的各个少数民族通过特定的节日文化、习俗文化将民众聚集在一起，起到一种“黏合剂”的作用，并对其是非善恶起到约束作用，从而有利于社会和谐稳定。

二是凝聚作用。青海藏区地广人稀，在这样艰难的条件下实现社会人群的整

① 宋蜀华. 民族学与现代化［M］. 北京：中央民族大学出版社，1994.

合存在不小的困难，通过宗教信仰将信教群众聚集起来，从而利用相关伦理进行引导，对于实现农牧民的组织化、实现社会的和谐稳定具有积极的意义。

对于青海藏区而言，人文环境的凝聚作用是民族团结和保持社会和谐秩序的基础。青海藏区的各个民族由于有了共同的人文资源，才使民族的团结有了基础。共同的人文资源，增强了民族内部的团结。文化的整合使一个民族不论他们是否居住在一起，也不论他们是否生活在共同的制度下，都会有民族认同感，都会在心理上和行为上连接在一起，不可分离。特别是民族认同感的形成，精神文化所起的整合作用尤其大。

近几年，随着经济的发展，青海藏区民众的观念有了很大的改善，但由于宗教信仰历史比较悠久，广大民众的传统思想观念很难在短时间内根本改观。藏区相当多的农牧民不愿意让孩子进学校接受现代化教育，而愿意将孩子送进寺院接受教育；不愿意出资出力修建学校，而愿意将大量的财力物力投资到寺院的建设上。现代民族教育与宗教文化教育之间的矛盾在藏区始终存在，在一定程度上制约了青海藏区教育事业的发展，也相应地制约了青海藏区的经济与社会发展。

三、青海藏区经济发展现状

新中国成立前，青海藏区基本上处在封建领主制社会形态，经济状况十分落后。新中国成立后，为了帮助和支持民族地区的经济发展，党和政府采取了一系列措施，使得青海藏区的经济发展取得了巨大成就。据有关数据显示，1949 年青海藏区粮食总产量仅 2000 多万公斤；油料总产 340 万公斤；各类牲畜存栏仅 748 万多头（只），资源地勘和工业基本上属于空白，沦为乞丐或赤贫的牧民竟有 8 万之众。到 1957 年底，青海藏区牧民人均占有牲畜由 17.6 头（只）上升到 24.7 头（只）。到 1965 年，青海藏区畜牧业产值（按 1957 年不变价格计算）年均增长 22.9%。青海藏区各类牲畜的年末存栏数由 1949 年的 759.85 万头（只）上升到 1978 年的 2298.24 万头（只），增加了 1538.39 万头（只），畜牧业产值由 1949 年的 0.7028 亿元上升到 1978 年的 2.7972 亿元，增加了 2.0944 亿元。

改革开放初期，青海藏区实行牧业包干到户的政策，到 1983 年底，青海藏区 6 州共有 2678 个牧业包干到户的生产队，占牧业生产队总数的 97.3%。同时，又积极开展“牲畜作价归户”工作，以及稳定完善草场承包制度，从而实现了人、畜、草与责、权、利的统一，充分调动了广大牧民管护和建设草原的积极性，促进了畜牧业生产和牧区经济的发展。据统计，2000 年青海藏区畜牧业产值达 156639 万元（按 1990 年不变价格计算），比 1978 年增长 6 倍。2000 年与 1978 年相比，肉类产量从 59905 吨增加到 208323 吨，牛奶从 116030 吨增加到 206132 吨。改革开放政策使得青海藏区经济得到了空前迅速的发展。但是，由于受国家发展战略重点向东部沿海地区倾斜的影响，我国西部地区与东部沿海经济发达地区的经济发展差距也开始逐渐拉大。特别是青海藏区，面临着更加严峻的挑战。它不仅与东部沿海发达地区的差距在拉大，而且与全国其他藏区乃至青海省其他地区的经济发展差距也呈现出逐渐拉大的趋势。1999 年开始，党中央实施“西部大开发战略”，以加快西部地区经济与社会发展。但是，总体而言，我国东西部日趋扩大的发展差距还没有从根本上得到扭转。“目前中国已经成为世界上区域经济和社会发展差距最大的国家之一。”①

进入 21 世纪以来，日益扩大的东西部经济与社会发展差距已经引起了国内外的广泛关注。但是，人们对青海藏区经济与社会发展落后的现实还关注不够。事实上，青海藏区经济与社会发展的滞后不仅从经济层面牵制和影响了青海省、大西北，乃至全国经济的发展；而且也从政治、社会层面影响了青海省、大西北，乃至全国的和谐稳定。

（一）青海藏区的基本经济指标

青海藏区土地面积极其广阔，人口相对稀少。据统计，玛多县每平方公里只有 0.49 人，每平方公里不足 1 人的县还有治多县（每平方公里只 0.39 人）、曲玛莱县（每平方公里 0.61 人）、天峻县（每平方公里 0.8 人）。与人口非常稠密的沪、京、津、苏、鲁、豫、粤、浙、皖 3 市 6 省相比，青海藏区的人口密度很小，属于人口稀少区。同时本地区多高山、高原和荒漠，自然条件较差，开发历史较迟，交通不便，经济基础非常薄弱。

---

① 国务院发展研究中心课题组．“十一五”规划基本思路和 2020 年远景目标研究［J］．改革，2005（5）．

表 1－1　青海藏区主要经济指标（2009 年）

指　标	全省合计	自治州县合计	藏区合计
年末人口（万人）	543.02	352.79	187.71
生产总值（亿元）	1081.27	615.66	468.3
农牧民人均纯收入（元）	3346.15	3658.85	3281.23
农牧民人均消费性支出（元）	3243.60	3095.31	2701.68
食品支出（元）	1234.20	1369.81	1414.81
农牧民人均居住面积（平方米）	20.28		17.35
城镇单位就业人员（万人）	50.63	24.91	17.11
农村居民最低生活保障人数（人）	380000	257840	152190
城镇居民最低生活保障人数（人）	220595	129373	105210
城镇职工医疗保险参保人数（人）	756857		192150
农村新型合作医疗参合人数（人）	3342953	2129822	1208471
教育支出（万元）	618159	337966	235522
普通中学数（个）	449		161
小学数（个）	2047		707
普通中学专任教师数（人）	21308		5887
小学专任教师数（人）	26794		10973
普通中学在校学生数（人）	322666		108430
小学在校学生数（人）	533255		232220
学龄儿童入学率（%）	99.52		99.28
初中毕业生升学率（%）	85.92		62.94
医院、卫生院数（个）	535		308
医院、卫生院床位数（张）	17973		3529
医院、卫生院卫生技术人员数（人）	17894		5210
其中：医生（人）	7242		2318
卫生防疫人员数（人）	1470		861
5 岁以下儿童死亡率（%）	19.72		24.07
婴儿死亡率（%）	17.17		21.39

资料来源：青海省统计局．青海统计年鉴（2010）［M］．北京：中国统计出版社，2010.

从表1-1可以看出，2009年，青海省农牧民人均纯收入为3346.15元，青海藏区为3281.23元，而全国农村居民同期人均纯收入为5153.2元。此外，从表1-1还可以看出，青海藏区的教育、卫生与全省相比仍然存在一定的差距，如教育支出、普通中学的数量、小学数量、教师数量、在校学生数量、学龄儿童入学率等，青海藏区都明显落后。而且，青海藏区的教育、卫生和社会保障等问题也是民众当前最关心的问题，他们都希望依靠政府来改善藏区的落后现状。

（二）青海藏区经济发展水平与全国平均水平的巨大差距

（1）从人均国内生产总值（国内生产总值）看。2009年，全国人均国内生产总值（国内生产总值）为25188元，青海省为19454元，比全国平均数低5734元。青海藏区6个自治州分别为：海北州15261元、黄南州15047元、海南州13244元、果洛州9326元、玉树州7131元、海西州65290元。青海藏区六州除海西州以外的其他5个州中不仅与全国平均水平存在巨大差距，而且与青海省平均水平也存在一定的差距，分别低4193元、4407元、6210元、10128元、12323元。

（2）从居民收入水平看。2009年，全国城镇居民人均可支配收入为17174.70元，青海藏区6个自治州分别为：海北州14135.63元、黄南州13270.61元、海南州11456.28元、果洛州12273.42元、玉树州13031.71元、海西州15077.12元，比全国平均水平分别低3039.07元、3904.09元、5718.42元、4901.28元、4142.99元、2097.58元。2009年，全国农村居民人均纯收入为5153.2元，青海藏区6个自治州分别为：海北州4023.1元、黄南州2633.1元、海南州3822.2元、果洛州2429.5元、玉树州2335.3元、海西州4544.4元，比全国分别低1130.1元、2520.1元、1331元、2723.7元、2817.9元、608.8元。

近几年，随着国家“西部大开发”战略的实施和经济的发展，青海藏区农牧民的收入水平有所增加；但与全国相比，绝对差仍然呈现出扩大的趋势，如表1-2所示。

通过近10年的数据观察，青海藏区农牧民收入与全国农村居民收入的绝对差逐年扩大。如2002年，收入绝对差为790元，到2008年扩大到1900元，2009年青海藏区农牧民收入与全国农村居民收入绝对差仍高达1855元。

表 1-2　青海藏区六州农牧民收入与全国农村居民收入差异

单位：元

年份	青海藏区六州	全国	绝对差
2000	1451	2253	803
2001	1575	2366	791
2002	1685	2475	790
2003	1748	2531	782
2004	1892	2936	1043
2005	2057	3255	1198
2006	2244	3587	1343
2007	2510	4140	1630
2008	2861	4761	1900
2009	3298	5153	1855

资料来源：青海省统计局．青海统计年鉴（2010）[M]．北京：中国统计出版社，2010.

（三）青海藏区与青海省居民人均收入的差距

青海藏区农牧民收入不仅与全国相比有较大的差距，即使与青海省居民的平均收入相比，也存在一定的差距。

从表 1-3 可以看出，“西部大开发”政策实施以来，青海省城镇居民的人均可支配收入由 1999 年的 4703.52 元增加到 2009 年的 12691.85 元，10 年间增加了 7988.33 元；消费性支出由 1999 年的 3903.84 元增加到 2009 年 8786.52 元，10 年间增加了 4882.68 元。恩格尔系数由 1999 年的 42.4% 降低到 2002 年的 35.7%；但从 2003 年开始，恩格尔系数又开始增大，到 2009 年达到 40.3%。青海藏区 6 州城镇居民 2009 年人均可支配收入分别为：海北州 14135.63 元，黄南州 13270.61 元，海南州 11456.28 元，果洛州 12273.42 元，玉树州 13031.71 元，海西州 15077.12 元。其中海南、果洛两州的城镇居民人均可支配收入低于青海省平均水平。

据有关数据显示，青海省农村居民的人均纯收入从 20 世纪 80 年代初期的 204.30 元增加到 2009 年的 3346.2 元，增幅明显比城镇居民可支配收入增幅慢；

表 1-3 1999~2009 年青海省城镇居民人均收支及恩格尔系数变化

年份 地区	可支配收入 （元）	消费性支出 （元）	食品 （元）	恩格尔系数 （%）
1999	4703.52	3903.84	1654.68	42.4
2000	5169.96	4185.70	1711.10	40.9
2001	5853.72	4698.60	1790.30	38.1
2002	6199.88	5045.00	1799.00	35.7
2003	6731.88	5389.40	1982.60	36.8
2004	7319.67	5759.00	2056.00	35.7
2005	8057.85	6245.26	2267.36	36.3
2006	9000.35	6530.10	2366.40	36.2
2007	10276.06	7512.39	2803.35	37.3
2008	11648.30	8203.20	3315.60	40.4
2009	12691.85	8786.52	3548.85	40.3
西宁市	12911.30	8716.59	3688.78	42.3
海东地区	11962.04	9066.89	3653.95	40.3
海北州	14135.63	9945.12	4097.39	41.2
黄南州	13270.61	7636.72	3100.51	40.6
海南州	11456.28	8569.15	3319.50	38.7
果洛州	12273.42	10130.47	4234.53	41.8
玉树州	13031.71	9048.21	3700.72	40.9
海西州	15077.12	12070.13	4803.91	39.8

资料来源：青海省统计局．青海统计年鉴（2010）［M］．北京：中国统计出版社，2010.

而且，农村居民的恩格尔系数 1984 年为 62.71%，1999 年为 61.70%，普遍在 60% 以上，远远高于同期城镇居民的恩格尔系数。2009 年，青海省农村居民人均纯收入比全国平均水平低 1807 元，在全国居第 29 位。青海藏区六州农村居民的人均纯收入分别为：海北州 4023.1 元，黄南州 2633.1 元，海南州 3822.2 元，果洛州 2429.5 元，玉树州 2335.3 元，海西州 4544.4 元；其中黄南州、海南州、果洛州、玉树州都低于青海省平均水平，分别低 713.1 元、476.0 元、916.7 元、1010.9 元。

表 1－4　青海藏区六州农牧民人均纯收入与青海省农村居民人均纯收入差距比较

单位：元

年份	海北州	海南州	黄南州	果洛州	玉树州	海西州	青海省
2000	1357.4	1577.7	1253.3	1387.3	1203.7	1924.8	1490.5
2001	1477.8	1748.6	1347.8	1491.2	1335.8	2050.9	1610.9
2002	1580.7	1915.9	1434.1	1591.7	1398.8	2189.9	1710.8
2003	1705.1	2083.9	1537.9	1697.0	1495.9	1972.0	1817.4
2004	1848.9	2258.3	1659.4	1807.9	1662.4	2120.3	2004.6
2005	2083.6	2442.1	1806.5	1916.9	1793.9	2302.7	2165.1
2006	2269.0	2640.1	2002.9	2038.9	1922.8	2586.9	2358.4
2007	2697.9	2904.4	2187.9	2161.5	2047.6	3058.6	2683.8
2008	3386.2	3216.3	2369.3	2291.2	2176.6	3724.8	3061.2
2009	4023.1	3822.2	2633.1	2429.5	2335.3	4544.4	3346.2

资料来源：青海省统计局．青海统计年鉴（2010）［M］．北京：中国统计出版社，2010.

自实行“西部大开发”战略以来，尽管国家加大了在基础设施和生态环境方面的投资力度，但由于西部地区投入产出效果较差，因此大规模投资的拉动并没有遏制区域增长不平衡的趋势。西部大开发政策，使西部地区经济增长呈现出良好的态势，西部地区的经济增长速度逐年加快，但区域增长不平衡的格局，导致全国经济总量仍向东部发达地区集中，如 2009 年广东省的生产总值为 39081.6 亿元，而青海省的生产总值为 1081.3 亿元，广东省的生产总值是青海省的 36 倍，可见差距之大。

（四）青海藏区经济发展滞后产生的消极影响

对于社会经济发育程度较低的青海藏区而言，在经济发展过程中出现“发展滞后”的现象，在一定时期内是不可避免的。但是，经济与社会发展的地区差距不断扩大，则会影响到整个国家的协调与稳定发展，也会影响政治和社会的和谐。众所周知，政治是经济的集中体现，“经济发展一旦出现严重失衡就势必在政治上有所反映。民族地区同全国平均经济发展速度差距的继续扩大，一旦超过各少数民族群众心理承受能力，经济问题就可能转化为政治问题、社会问题”。[①] 青海藏区受自然地理、人文环境、历史条件等多因素影响，经济发展已经明显落后于青海省其他地区，从而也产生了诸多不利影响。具体表现在：

1. 影响民族团结和政治、社会稳定

青海省15个国家级贫困县中，11个分布在藏区，而10个省级贫困县全部分布在藏区。青海藏区的经济发展明显滞后于本省其他地区。因为区域社会发展水平以区域经济发展水平为基础，青海藏区经济发展水平与青海其他地区的差距也必然导致青海藏区社会发展水平也存在与青海其他地区的差距。促进青海藏区的经济发展，尽快使青海藏区的藏族同胞脱贫致富对于维护民族团结、维护国家安定还有着更加特殊重要的意义。

2. 影响国民经济持续稳定发展

根据经济学的“木桶原理”，整体经济发展水平往往取决于经济结构中的“短板”，即经济发展进程中的薄弱与滞后部分。因此，青海藏区经济与社会发展的滞后，不仅影响其自身，也会拖累和制约青海全省经济，乃至国民经济的可持续发展。

客观地说，改革开放以来，中国走了一条不平衡的发展道路。在东部地区不断创造经济发展奇迹的同时，西部少数民族地区经济却明显滞后，由此引发了一些社会问题和矛盾。最突出的是地区失衡、城乡失衡、贫富失衡等。解决这些发展失衡问题，是保持21世纪我国经济稳定、可持续发展的关键。

针对青海藏区经济发展落后的现状，政府的作用是不容忽视的。正如世界银行报告所指出的：“政府对一国经济和社会发展以及这种发展能否持续下去有着举足轻重的作用。在追求集体目标上，政府对变革的影响，推动和调节方面的潜力是无可比拟的。当这种能力得到良好发挥，该国经济便蒸蒸日上。但若是情况相反，则发展便会止步不前。”[②] 青海藏区经济发展的落后状况，对各级政府提出了更高的要求。因此，需要总结国内外发挥政府职能的经验与教训，同时，也要从历史的角度梳理青海藏区政府职能的变迁。

① 伍精华．全国各族青年要树立马克思主义民族观为民族团结进步事业而奋斗［J］．民族理论研究，1999（1）．

② 世界银行．1997年世界银行报告：变革中的政府［M］．北京：中国财政经济出版社，1997.

第二章　青海藏区政府职能的变迁

从青海藏区特殊的地理、人文环境出发，历代中央政权在该地区的治理并没有完全照搬内地的体制，而是采取“因俗而治”的体制。

一、历史上青海藏区因俗而治的地方政府设置

（一）明朝：推行土官制度

1. 明朝在青海藏区的管理体制

明朝建立后，管理体制基本上沿袭了元朝的做法，设立卫、所制，以卫、所两级军事单位来管理地方行政。洪武六年（1373 年），明朝设立“西宁卫”，西宁卫作为一个兼司地方行政的机构，下辖 6 个千户所，有编户四里，通过卫经历司进行管理。对周围藏族各部（明代统称“西宁十三族”）也行使监督权，各部落的僧俗头目每月到西宁卫，受其统一安排事宜。西宁卫统辖范围基本上沿袭了元代西宁州的辖区，南至黄河、西到青海湖、北至祁连，东与庄浪（今甘肃永登）、兰州连界。明朝视西宁为“西夷重地”、“河西巨镇”，故统兵驻守此地。明洪武初年，明朝统治势力进入青海藏区。在青海藏区的东部地区主要设置有：一是必里卫。大致辖今贵德县西部、贵南县、同德县等部分地区。二是归德守御千户所。洪武八年（1375 年）改归德州为归德守御千户所，治所今贵德县河阴镇。永乐四年（1406 年）改为河州卫中左千户所，下辖百户 8 个（后增为 10 个），辖区大致为海南州的贵德县及黄南州的尖扎、同仁县一带。

为加强对边疆的统治，从明洪武八年（1375 年）始，明朝陆续在青海湖以西、以北等地设安定、阿端、曲先、罕东四卫，习惯上称为“塞外四卫”，此四卫属“羁縻”性质，受西宁卫统领。洪武七年（1374 年）元宁王归附明朝后，明统治者将其镇守的地区划分为阿端、阿真、苦先和贴力四部，次年，应元宁王之请，设安定和阿端二卫，并册封元宁王为安定王。洪武十年（1377 年）安定卫内乱，安定王被杀，洪武二十九年（1396 年），明朝派陈诚到该地区，重新建立了安定卫。另外，明朝在今青海玉树地区也有卫所建置。在青海藏区的南部等地区设朵甘卫。明洪武六年（1373 年）改元朵甘思宣慰司为朵甘卫，一年后升为朵甘都司，仍隶属于河州。主要管辖玉树藏族自治州等广大地区。永乐十一年（1413 年），在今玉树、治多县一带的上下陇卜地方设置陇卜卫。此卫濒通天河下游两岸，扼西上通天河上游，南趋查午，进入乌思藏大道东段的要冲。在此设卫利于明朝加强对朵甘思和乌思藏的管理。宣德九年（1434 年），设置毕力术江卫指挥使司，毕力术（藏语“牦牛河的译音”）指长江上游通天河流域。毕力术江卫的设置显然与保障入藏交通的畅通有密切的关系。

2. 土官制度的普遍推行

明初开始，结合卫、所的建置，在青海藏区实行土官制度。在西宁卫所辖的“十三族”的各藏族部落中，千户、百户等都由藏族首领统辖，各级官员中有大量的少数民族。包括“塞外四卫”，以及必里卫、陇卜卫、毕力术江卫等都任用土官，因为这些卫、所带有明显的唐宋时期的羁縻州、府的特点，所以称此为“羁縻卫、所”。土官分文职和武职，青海土官多为武职。土官是在明朝统治者的授权之下以朝廷命官和当地少数民族头人的双重身份来统治所属部族的。各族大小土官的统治构成了明朝封建统治体系在青海地方的重要组成部分。土官的主要职能有：

一是征收“差发马赋”牧业税。青海畜牧业中养马业特别发达，如吐谷浑培育的“青海骢”在唐代驰名于世；吐蕃在河曲之地培育的“河曲马”也名声远扬。由于盛产良马，明朝向青海各少数民族征收名为“差马赋”的牧业税，因此，按一定的时间征收办理“差发马”也成了各族土官的重要职责。

二是负责往来使臣的迎送、接待事宜。明朝安排一些土官定居在交通要道或驿站处，如毕力术江卫就是进藏的必经之地，土官不仅负责使臣的迎送、接待事宜，还要保障道路的安全与畅通。

三是治兵保塞。所有的土官自己有士兵，盔甲、战马、武器等都是由土官自己置办，如果没有战事，所有的士兵以种地或放牧为生。一些土官不仅人多，而且战斗力极强。如西宁土官李英、李文因有功，先后被封为会宁伯和高阳伯。明中后期，卫所管理松散，官兵的战斗力逐渐削弱。

四是平定逆乱。青海各族土官士兵在战斗中发挥了重要作用，因勇敢善战，有的被调到辽东，参加抗击后金的战斗。在推行土官制度的同时，明朝善于通过宗教渠道来加强对青海各少数民族的统治，特别是针对青海藏传佛教盛行的特点，对上层僧人授予大国师、国师、禅师、都纲、喇嘛等僧职，并准其世世相袭，欲其“率修善道，阴助王化”，“广佛功德，化人为善”。①同时对他们原有的治民特权加以确认，由此形成了国师、禅师管理族民的局面。

（二）清朝：实行千百户制度

1. 清朝在青海藏区的管理制度

清朝建立初，统治青海藏区的方略为“画土分疆，多沿用明朝”。清雍正三年（1725 年）平定厄鲁特蒙古贵族罗卜藏丹津事件之后，一改旧制。

首先，在青海藏区东部改设厅制。清朝在少数民族杂居地方或边陲要地设置具有行政区划意义的机构，这就是厅，厅的长官为同知，负责一厅所有政务，下有知事等属官。在青海藏区设有二厅：一是贵德厅。其前身是明归德守御千户所，后改为河州卫中左千户所。雍正四年（1726 年）归临洮府，乾隆三年（1738 年）改隶西宁府。乾隆五十六年（1791 年）改升贵德厅，设抚番同知，治所与前同，辖区为今贵德县及黄南州东北部等地。二是循化厅。乾隆二十七年（1762 年）设循化厅，隶属于兰州府，道光三年（1823 年）改隶西宁府。治所今循化县城关镇，辖今循化县、同仁县大部分地区等。

其次，设置西宁办事大臣。罗卜藏丹津事件后，清政府鉴于青海牧业区地广人稀，游牧民族逐水草而居的特点，采取了有别于内地的特殊的统治体制，清朝统治者采纳了《青海善后事宜十三条》、《禁约青海十二事》的意见，并批准颁行。即把青海牧业区看成一个相当于行省的特殊的行政区域，于雍正三年（1725 年）特设“钦差办理青海蒙古番子事务大臣”（以下简称“青海办事大臣”或“西宁办事大臣”），青海藏区各部落由这一机构管辖。西宁办事大臣统辖的范围

① 崔永红，张得祖，杜常顺．青海通史［M］．西宁：青海人民出版社，2002.

最初主要是青海蒙古三十旗和玉树四十族（部）及其游牧的区域。到乾隆五十六年（1791 年），循化及贵德两厅所属 76 个“熟番”部落和 77 个“生番”部落也交由西宁办事大臣管辖。[①] 这些部落分布在今青海省贵德、贵南、同德、循化、尖扎、同仁、泽库各县及甘肃省甘南藏族自治州境内。西宁办事大臣直接隶属于朝廷的“理藩院”（管理边远少数民族地区的中央机构，原称蒙古衙门，建于清崇德元年即 1636 年，不久改为理藩院，且权限进一步扩大）。乾隆元年，将西宁办事大臣的任期定为三年轮换，但实际并未严格执行。西宁办事大臣统管蒙藏部落和地区政教一切事务，主要包括：①藏族千百户头人的任免与蒙古族王公及札萨克的封爵事宜。②各寺院活佛转世事宜。③稽查各旗、各部落的户口、牲口、土地。④对蒙古族各旗和藏族各部落的茶粮贸易进行管理、控制。⑤协调纠纷。处理蒙藏两族之间的各种纠纷，以及相关的盗窃、命案等也由西宁办事大臣处理。⑥协调边境事宜，会同陕甘总督、驻藏办事大臣、四川督抚等协调处置甘青、青藏及青川之间的有关事宜。⑦西宁办事大臣享有统兵之权，还要定期主持会盟。

2. 清朝对藏族部落的管理

清雍正初年平定罗卜藏丹津事件后，针对在藏族中普遍形成的“但知有蒙古，不知有厅卫营伍官员”的局面，把藏族各部从和硕特蒙古统治下分离出来，并查清土地、规定赋税多少，颁发《番例六十八条》，由朝廷统一管理。同时，在藏族部落中设置千百户制度。清雍正四年（1726 年），首任西宁办事大臣达鼐会同西宁总兵官周开捷在藏族地区清查户口、划定地界，“因俗设官”，给各部落首领分别授予土千户、百户等职。雍正十二年（1734 年）后，千百户的委任权由原来的西宁办事大臣执掌改为兵部执掌。

清政府按照经济类型的不同和与内地交往关系的亲疏程度将藏族部落分为“熟番”、“生番”和“野番”，对其征收不同的赋税，分别实行番贡粮和贡马银制。[②]同时，清朝对玉树和果洛等地的藏族部落也采取了有效的管理措施。康熙六十年（1721 年），清政府分别为果洛上、中、下三部头人封授官职。封中果洛头人为土千户，封上、下果洛头人为土百户，隶属四川松潘镇管辖。雍正九年（1731 年），西宁办事大臣等人勘定玉树各族地界、族名，次年，将青海西南境

① 文孚著，魏明章．青海事宜节略［M］．西宁：青海人民出版社，1993.

② 崔永红，张得祖，杜常顺．青海通史［M］．西宁：青海人民出版社，2002.

内的七十九族分为两部分，临近西藏的39族归西藏办事大臣管辖；以玉树囊谦等地的玉树四十族（又称阿里克等四十土司）归青海办事大臣管辖，在各部委任千百户。雍正十年（1732年），清廷又规定玉树“每千户以上部落，设千户一员，百户以上之部落，设百户一员，由兵部颁给号纸，批准可以世袭。千户以下，酌设百长五六名，百户以下，酌设散百长三四名，其不及百户主部落，设百户一名，由西宁夷情衙门发给委牌。每十户设一什长，由千百户派充”。道光年间，将千百户所属范围缩减，辖地再次分化。规定“令千户管三百户，百户管一百户，什长管十户，是千户之族有三头人，二千户之族有七头人。头人各领所管”。①

自宋元以来，由于历朝统治者对藏传佛教的大力扶持，青海地区的藏传佛教有了前所未有的发展。为了维护清王朝自身的利益，雍正初年，清廷对青海地区藏传佛教寺院进行了整顿。其内容包括：①限制僧团规模，规定各寺院僧侣人数以200人为限；官府每年要稽查寺院两次；②取消寺院的治民特权，寺院不得向所属部落民户征收赋税；③国家每年给寺院喇嘛发给衣服和食物；④取缔自明以来所授的国师、禅师等名号。但清朝对寺院的整顿并没有改变固有的扶持藏传佛教的基本政策。清朝在青海局部地区或部落中仍然保留了政教合一的统治体制。这一统治体制是清朝在青海地方统治体制中的一个重要组成部分。

实践证明，清政府根据当时青海藏区的生产力发展水平、政治统治状况等，适宜地推行一套特殊的地方行政管理制度——对蒙古族的盟旗制、对藏族的千百户制度，不仅理顺了地方管理体制，而且也维护了藏族聚居地区社会的稳定和国家的统一，促进了当时青海藏区的经济发展。

（三）近代：多元并存的统治体制

1840年的鸦片战争，对于僻处西北内陆的封闭高原——青海并未产生明显的影响。近代初期，青海地区在行政区划上仍未形成一个完整的单元，今青海东部河湟地区隶属甘肃省，果洛地区隶属四川省，其余广大牧业区则由青海办事大臣统辖。今青海藏区的同仁、泽库归循化厅；贵德厅包含今同德、贵南、尖扎三县；青海办事大臣统辖范围包括今玉树、海西两州全部及海南、海北、

---

① 那彦成，宋挺生．那彦成青海奏议·上绎堂尚书论番事书［M］．西宁：青海人民出版社，1997.

黄南三州的纯牧业区。其中，海南州的同德、贵德、兴海县和黄南州的尖扎、泽库县的一部分藏族游牧部落归青海办事大臣和循化、贵德两厅共同统辖。青海南部的果洛地区已经打破了原来的上中下“三果洛”格局，变成一个整体地域概念。1840 年后，青海东部河湟地区实行的统治体制基本与内地相同。由于是多民族聚居区，所以在一定程度上保留了千百户制度以及政教合一制度。在青海南部及西部的广大牧业区，清朝贯彻“齐其政而不易其俗”的统治原则，在整体上纳入封建王朝统治的前提下，依据游牧民族的特性，分别实行盟旗制度和千百户制度，同时对一些部落和地区实行政教合一的统治制度。

民国元年，中央政府对青海藏区的行政制度作了重大调整。北洋政府在中央内务部设“蒙藏事务处”，后依次改为“蒙藏事务局”、“蒙藏院”，直隶于国务总理，其职掌范围与清理藩院一致，管理蒙藏事务。民国二年（1913 年）改“青海办事大臣”为“青海办事长官”，直隶于中央政府。首任此职由西宁府知府廉兴升任。其官署仍驻西宁，辖青海藏区（不含果洛）的各项事务。民国三年（1914 年），增设蒙番宣慰使，对青海藏区交叉管理。民国四年（1915 年），北京政府撤销了青海办事长官，蒙藏事务由蒙番宣慰使独自办理，并由甘边宁海镇守使兼理，坐镇西宁，且明文公布“以青海属甘，以长官事属镇守使”。从上述不难发现，青海藏区由中央直辖降为甘肃省管控，甘边宁海镇守使兼蒙番宣慰使，集军政大权于一人。虽政制草创，尚难完善，却为日后的青海建省铺垫了道路。

尽管中央、省政府对蒙藏地区管理机构发生更替，但基层组织仍沿袭旧制。民国初年，北京政府颁布《蒙古待遇条件》，明文规定各蒙古王公原有的管辖治理权、爵位、封号等，一律照旧。这样，王公、千百户制度一直延至 1949 年。与此同时，稳步推行郡县体制，强化藏区的管理。民国六年（1917 年）经北洋政府批准，设立玉树理事，办理当地民刑各事。同时还设立了都兰理事，理事相当于县一级的政权组织，它的出现，标志着蒙藏地区行政制度发生了很大的变化。

民国十八年（1929 年），青海省政府正式成立，规定原归甘肃省管辖的西宁、大通、碾伯、巴戎、循化、湟源、贵德 7 县及原青海长官所辖蒙古二十九旗和玉树二十五族、环海八族、果洛等地隶属青海省。

1. 增设新县

青海建省初期，行政设置上发生了一些新的变化，即增设一批县。刚建省时，青海有7县2理事，有些县的所辖区域过大。1929年，取消西宁行政区，随后设共和县（析西宁县上下郭密、湟源县恰卜恰一带地方置。首治曲沟大庄，今青海共和县东南曲沟）、亹源县（1959年改为门源，治北大通，今青海门源回族自治县驻地浩门镇）、玉树县（治结古，今青海玉树县驻地结古镇）、循化县（析之同仁县，治隆务寺）、乐都、循化县（析之民和县，治上川口）、西宁县（析之互助县，治威远镇）、都兰县（首治都兰寺，今青海乌兰县东北都兰寺，1932年移治希里沟）、贵德县（治曲喀沙甲，今青海贵德县驻地河阴镇）、称多县（析玉树县称多土司地置，治今青海称多县驻地周均）、囊谦县（以玉树五十五族之囊谦族果洛游牧场及觉拉寺等地方置，治色鲁马，今青海囊谦县驻地香达南）、同德县（析贵德县鲁仓、汪什科及白佛所辖地及同仁县属黄河沿岸拉加寺、什则寺一带地方置。治拉加寺，今青海玛沁县东北拉加寺）、海晏县（以湟源县之南达如玉旗尔力克贝勒、水硖贝子、拉毛公君贝子等所属地区置，治今青海海晏县驻地三角城）、兴海县（驻大河坝，今青海兴海县西北大河坝），至此，青海省共辖14个县。

2. 在牧业区设立“设治局”

青海省政府根据当时国民政府的规定，在尚未设县之地方，暂置设治局，以建立县级行政区划的过渡形式。1938～1943年，先后在牧业区设立了13个“设治局”。分别是：1938年设置和兴设治局（今果洛阿什羌岗麻地区）、和顺设治局（果洛巷谦多坝地区）；1939年设置祁连设治局（今八宝二寺滩）、兴海设治局（1943年升格为兴海县，治大河坝），治大营盘；由都兰县析置通新设治局（驻可鲁德令哈，今青海德令哈市西南可鲁沟）、河曲设治局（青海同德县一带）；1940年，西乐设治局（今果洛玛沁县）、白玉设治局（今下果洛班玛、雅砻江上游及黄河沿岸一带）、星川设治局（今下果洛班玛、鄂陵湖东及野马滩、长石头一带）；海晏设治局（湟源县、都兰县、祁连设治局交界处，治三角城）；1941年，哈姜设治局（乌吉哈姜盐池一带，原布久、多仓、俄仓、白河、哈秀、朵托、干巴、阿拉麻等部落辖置）、南屏设治局（今贵德县鲁仓、霸茫拉）；1943年，香日德设治局（都兰县西南部宗家、巴陵、台吉乃、香日德4旗。驻香日德，今青海都兰县西南香日德镇）。在这13个设治局中，到1949年9月只剩祁连、星川两个设治局。

3. 设立“行政督察区”

1937年，因青海省地域辽阔、治理困难，青海省政府提出设立“行政督察区”的计划。最初设想在东部农业区设四个“行政督察区”，在牧业区设置三个“行政督察区”。当时的国民政府只批准了牧业区的三个“行政督察区”。分别是：第一区治今共和县曲沟（后迁尕马羊曲），辖共和、都兰等地；第二区治玉树结古，辖玉树、囊谦、称多三县；第三区治同德县拉加寺，辖同德及今果洛一带地区。1947 年，第一区和第三区均被国民政府裁撤，治保留第二（玉树）“行政督察区”，并将改称第一行督察区，辖玉树、囊谦、称多县，署驻玉树县。

近代，在青海地区除了行政督察区、县、设治局外，还有河南四旗、刚察千户、果洛地区三个直辖区。由此可见，近代的青海，土司制度虽基本被废除，但王公、千百户旧制并未彻底根除。一些千户、百户、百长们在推行县和保甲制度的过程中又摇变成副县长、区长和保长甲长，这不仅没有形成近代的行政机构体制，反倒退回旧的政教合一体制。因此，青海藏区的社会状况并未得以根本扭转，进而成为现代化进程中的沉重包袱。

综观历代统治者治理青海藏区的具体方略，呈现出如下特点：

首先是设置专门机构管理青海藏区。如明朝将藏区分为三个军政区域，通过三个行都指挥使司，管理藏区事务。清朝在中央设有理藩院，专门管理蒙藏事务。清政府当时在西宁设有“钦差办理青海蒙古番子事务大臣”（以下简称西宁办事大臣），并通过宗教上层人士的参政完善了政教合一的地方政权体制。民国时期，中央政府通过蒙藏事务委员会，对藏区进行管理。

其次是利用宗教加强统治。明朝采取“用僧徒化导”的政策，在青、藏两地各教派中分封法王、王、国师等僧职，使之成为政教合一的统治者。清朝承认宗教特权，建立并完善了活佛转世制度，举行会盟祭海（青海湖）仪式，由皇帝向著名寺院御赐匾额，册封宗教上层，使政教合一的统治政体日臻完善。

再次是因俗而治，沿用部落习惯法。青海藏区一直沿用部落习惯法，历代中央王朝的统一法律都没有在藏区推行。时至今日，原有的习惯法仍有影响。

最后是轻税薄赋，以求稳定。历代中央政权都对藏区实行轻税薄赋的政策，以保障边疆安宁和国家统一。清朝政府在果洛一直实行轻稳政策，实际上只是一种象征性的税收，是对贫困的果洛地区的一种特殊照顾，而且作为一项重要的基本政策坚持执行，长期没有变动。

二、新中国人民政权的建立与青海藏区社会改革①

新中国成立前，青海藏区的基本行政单位仍是袭自古代的部落组织。部落成员对部落有很大的依附性，部落内部仍然保留土地公有制，但头人有很大的支配权，藏区社会出现了严重的不公平现象。在政教合一制度下，部落与寺院的关系密切。鉴于此，新中国成立初期，党和政府在青海藏区进行民主改革、宗教改革以及社会主义改造。充分发挥人民政府的职能作用。

（一）青海藏区的民主改革

新中国成立初期，结合青海藏区的实际特点，政府对藏区工作坚持“慎重稳进”的基本原则，针对民族关系、社会秩序、草场纠纷以及一系列社会问题，青海藏区实行民族区域自治政策，在此基础上青海藏区实行了有别于其他地区的支持措施，即实行藏区独特的民主改革。主要包括以下几个方面。

1. 实行“三不两利”政策

青海藏区是少数民族聚居区。由于长期受本民族和其他民族统治阶级的掠夺和压迫，民族内部和民族之间的矛盾都比较突出，千百户、王公等宗教上层与牧民的关系十分紧张。鉴于牧业生产主要依靠牲畜的自然繁殖，受自然条件的影响大，易受损失，所以，解放初期的青海省委根据青海藏区牧业生产的特点制定了“三不两利”政策。针对藏区部落头人怕分牛羊、分草场的顾虑，1951 年 9 月公开宣布人民政府对藏区的支持是不分牛羊、不分草场。1954 年 7 月在青海省首届农民代表大会上的报告中提出：“在牧区实行‘不斗不分，不划阶级’和扶助贫苦牧民发展生产的政策，对增强民族团结，恢复与发展生产起了很大作用……以后要继续实行‘不斗不分，不划阶级’与‘牧工、牧主两利政策’”（以下简称“三不两利”政策）。在具体工作中强调一定要在发展生产的基础上，坚持自愿互利的原则，协商调整工资，做到牧工满意，牧主接受，一方面增加了牧工收入，并改善了牧工生活；另一方面，鼓励了牧主的经营积极性。考虑到藏区的特

① 翟松天，崔永红．青海经济史（当代卷）［M］．西宁：青海人民出版社，2004.

殊性，在工作方法上，强调“慎重稳进”，要求慎重执行“三不两利”政策，在藏区深入宣传政策的基础上，在条件成熟的地区进行重点试办，同时积极扶助贫苦牧民发展生产。因此，20世纪50年代初期的青海藏区总体状况比较好，大多数牧民和民族、宗教代表人物向人民政府靠拢，社会稳定，民族团结，畜牧业生产逐步恢复发展。

2. 发放牧业贷款

针对青海藏区大量有劳力而无牲畜的赤贫户和牲畜很少的半赤贫户，政府从“以解决生产资料为主，生活资料为辅”和扶助贫苦牧民发展生产的根本原则出发，实行发放救济款和贷款政策，帮助这些牧民购买母畜和生产工具、修建棚圈，建立生产基础和改善生产条件。1951～1955年，4年间共发放畜牧业贷款251万元，救济款247万余元，买羊86万只，大牲畜6204头，各种生产工具17091件，种子47万公斤，解决了4万多贫苦牧民的生产、生活上的困难。据统计，1952年，玉树、都兰、同仁3县，共得到畜牧业贷款的牧民有3127户，人民政府帮助他们共购买了19459只羊，174匹马，1130头牛，每户平均买牲畜6.6只（头）。

3. 调整畜产品价格

新中国成立以前，青海藏区的畜产品价格受到买办和官僚资本的操纵，极其不合理，出现了商人垄断畜产品价格的不良现象。各个垄断商为了获取高额利润，尽量压低收购价格，如当时，牧民的50公斤羊毛只能卖8个银圆，或换4包茯茶，或换150公斤青稞。为了消除这种不合理的比价，对藏区进行民主改革时，政府有计划地提高青海藏区畜产品的价格。到1955年，牧民的50公斤羊毛可以卖人民币100多元，或可换茯茶20多包，或换青稞450公斤。1949年9月～1952年9月，3年间仅国营贸易收购羊毛888444公斤，按1949年9月前后价格差额计算，牧民从中可换茯茶6351575包，可换棉布786369匹。

4. 实行轻税政策

新中国成立以前，牧业区封建领主有权征收赋税，各地最有权势的独立大部落首领有征税权。他们所征的税有牲畜税、酥油税、请盐税。如果遇到部落械斗、大灾害或马步芳派税，都需要另外派征。下属部落头人秉承大部落意旨在本部落征税时，往往多派多收一些，以便截留一部分，据为己有。此外，还存在高利贷剥削。调查显示，当时果洛地区约60%的牧民家庭有过不同程度的债务负担。新中国成立初期，为了使广大农牧民摆脱沉重的税负负担，逐步恢复生产发展，政府首先废除了封建统治时期的苛捐杂税，实行轻税。青海省人民政府于

1950年11月批准牧业税征收暂行办法，对牧区采取轻于城镇和农业区的税收政策。1950年开始，牧业税实行按户计征，每只绵羊征收羊毛3.7两，到1953年每只绵羊征收2.5两（旧市制，1市斤为16两，一两折合31.25克），起征点的标准为每户牲畜折羊30只，30只以下者免征。据调查，在共和、天峻等县，当时每只绵羊的平均价格按16元计算，税率为1.56%。

（二）青海藏区的社会主义改造

1. 在青海藏区成立“人民公社”

青海省委于1958年8月发出《关于划分牧区阶级成分标准的意见》，主要从政治、经济上区分劳动牧民和封建剥削阶级。划分标准为牲畜占有量、经营方式，也参照原来的社会政治地位，据此将纯牧户划分为牧主、富牧、中牧、贫牧4个阶层。同时提出，在社会主义改造中，应将贫苦牧民和中等牧民组织成合作社，牧主应让其参加公私合营牧场，富牧主要参加公私合营牧场，也允许参加合作社。1958年9月，中共青海省委要求各地：“彻底完成畜牧业社会主义改造，迅速开展一个规模浩大的办公社运动，争取尽早实现公社化”。据此，青海藏区掀起了大办人民公社的高潮。

针对人民公社运动中出现的众多群众不满问题，1961年，藏区开始纠正人民公社体制和经营管理工作中出现的问题。1961～1965年，政府经过艰苦的工作和努力，根据“调整、巩固、充实、提高”八字方针，重申藏区“以牧为主”的方针，实行一系列符合牧区特点的经济政策，以此解决了当时广大牧民意见最大的一些问题，从而较快地恢复和发展了畜牧业生产力。在调整牧区生产关系、稳定牧区形势、调动牧民积极性、恢复和发展畜牧业生产等方面起到了重要作用。

2. 青海藏区“社教运动”

青海藏区的社会主义教育运动，是按照农业区的文件精神和具体做法进行的。中共青海省委于1963年6月召开三届十次全委会议，通过了贯彻中共中央《关于目前农村中若干问题的决定》的安排意见。会后，从省委和藏区各州委抽调干部，组成工作团，分赴海南、海西、黄南、果洛4州，在7个乡、17个公社、80个生产队进行社教试点。青海省委海南州工作团178人于7月下旬进驻兴海县河卡乡都台、上游两个公社，在64个生产队分四个阶段进行为期5个多月的试点工作。1964年，青海省委总结交流河卡和其他地方的试点经验，认为牧区社会主义教育可以参照河卡经验，继续进行试点。随后从省直机关和藏区六州抽调干部1512人，在藏区进行社教试点。1965年4月，从省、州、县抽调干部500多人，进行社教试点，1966年4~11月，牧区“四清”工作试点在海北州祁连、刚察两县进行。1963~1966年，藏区社会主义教育先后进行了三批试点。涉及27个乡、129个公社、754个生产队。后续工作因社会变革而被迫中断。

（三）青海藏区的宗教改革

新中国成立初期，针对藏区广大宗教界人士和信教群众对政府的宗教政策心存疑虑，对宗教政策了解甚少的状况，政府通过派出代表或代表团深入牧区，积极宣传党的民族宗教政策，取得了广大农牧民、民族宗教上层人士对人民政权及具体政策的理解和支持。在1952年5月的《中共青海省委关于游牧区工作几个问题的指示》中指出：“宗教在少数民族中是一个历史性、民族性的群众思想信仰问题，对宗教采取任何急躁和简单厌恶的态度，都会脱离群众，每个游牧区工作的同志必须认真执行共同纲领中所规定的信仰自由政策，切实保护寺院。”各种宗教寺院开展的传统宗教活动，受到党的政策和法律保护。同时，积极争取宗教界人士投身到社会主义事业中，安排宗教人士到政府、政协组织中担任职务。在政府的努力下。许多宗教界人士积极为党的事业建言献策，为藏区稳定做出了不小的贡献。

三、新时期工作重心转移与青海藏区政府经济职能的凸显

党的十一届三中全会以后，我国政府的工作重点从阶级斗争转到经济建设。政府全面主导和推动经济建设，在经济建设和社会发展中起到了重要作用。同样，青海藏区政府也积极投身到经济建设活动中，对牧业经济体制进行了一系列改革，并进一步完善了畜牧业基础建设。

（一）进行牧业经济体制改革

1. 建立牧业生产责任制

青海藏区在完成畜牧业的社会主义改造以后，广泛实行了“两定一奖”生

产责任制。两定是指定工、定产，一奖是指超产奖励。1978 年，随着党的十一届三中全会的召开，青海藏区展开了经济体制改革。

1979 年底，青海藏区 68% 的生产队实行“两定一奖到户”，28% 的生产队实行“两定一奖到组”，4% 的生产队实行按户定畜“两定一奖”。在 1981 年 6 月召开的青海省牧区工作会议上提出，基于“两定一奖”责任制能较好地适应藏区的生产力发展水平和畜牧业分散经营的特点，在以后的工作中要不断总结经验、完善提高、坚持下去、稳定下来，并提出了坚持的三条原则和四个统一，即保持生产队的经济主体，体现按劳分配原则，科学组群和合理使用草场。统一计划，统一投资，统一调配劳力，统一资金、棚圈建设。藏区各地在完善提高“两定一奖”责任制工作中，将主要精力集中在调整积累与分配的比例。改变实物按人按户分配为按劳分配，取消了限制发展自留畜的规定。

上述改革措施，由于部分符合广大牧民的意愿，调动了牧民的生产积极性。但上述改革因限制因素较多，对整体经济活动仍然实行自上而下的集权式管理，仍然采用劳动工分为分配依据，其特点仍是平均主义、大锅饭。因此，并不能很好地得到藏区民众的支持。

果洛藏族自治州甘德县于 1982 年春根据群众意愿率先实行牧业包干到户责任制，此举措使得当地的牲畜总增率、牧业总产值、人均收入等都有了较大的提高。由于效果明显，1983 年，青海藏区的 6 个自治州都开始进行牧业包干到户，在总结甘德县的经验的基础上逐步推广。当年秋季，青海省委发出《关于实行牧业包干到户责任制试行办法》，规定了牲畜、草场、生产工具、设施等的具体承包办法。如牲畜的承包办法有以下：针对玉树、果洛和环湖一些草场宽裕的地方，实行牲畜保本增值。承包的集体牲畜每年有一定的净增，一年一清理，3 年或 5 年进行结算；对环湖牧区草场比较小的地方，实行牲畜保本保值。这些地区不要求牲畜有净增，但要求不断提高牲畜的总增率、出栏率、商品率和适龄母畜比例；针对人多畜少，比较贫困的地方，实行牲畜公有私养。这些地区除提留少量必须支付的费用外，一般不实行集体提留，不承担畜产品上交任务，包畜户实行保本经营；个别地方将集体的牲畜作价卖给社员经营。截至 1983 年底，青海藏区实行牧业包干到户的生产队达到 97.3%。由于青海藏区推行了牧业包干责任制，使经济体制改革得以深入，不但削弱了集权式管理，而且解决了平均主义，打破了大锅饭，使藏区广大牧民掌握了一定的生产经营权。

根据藏区广大群众的意愿，青海藏区于 1984 年开始进行牲畜作价归户、户有户养和冬春草场承包到户或帐圈的试点工作。根据具体的工作经验，对青海藏区的生产关系作了适当的调整，并于11月开始在牧区积极开展“牲畜作价归户”责任制的推广工作。1984年底，89.5%的牧业社实行了“草场公有，承包经营，牲畜作价，户有户养”牧业生产责任制；324个牧业社实行了“公有公养，按类组群、专群承包、包干分配”责任制；藏区70%的牧业社将冬春草场承包到户。至此，经过两年的调整、提高，青海藏区的牧业生产责任制基本建立起来。

2. 完善草场承包制

1986年，青海省政府本着尽快将草场承包工作纳入法治化、规范化的轨道，巩固和发展牧区改革成果，促进青海藏区经济持续、稳定、协调发展，把固定草原使用权、落实草场分户承包、完善草场有偿使用制度作为深化牧区改革的重点。经过在海北州祁连县试点并取得一定的经验后，1989年首次在海北州推广。1992年9月青海省委提出《关于进一步稳定和完善草场承包制的意见》，1993年3月进一步明确了畜牧业家庭联产承包责任制的核心是草场长期有偿分户承包，并要求藏区各地不再实行联户或帐圈等形式的承包，争取在两年内实现冬春草场全部承包到户的目标。

1993年6月，青海省人民政府颁布了《青海省草原承包办法》，基本原则是：草场承包经营的期限一般不得少于50年，不能因为牲畜、人口的增减进行调整。1994年，青海省政府再次明确规定“草场承包到户后50年不变”。牧民在承包草场时，按照《经济合同法》签订承包合同，以此明确双方的权力与义务，使草场承包制度得到法律的保护；实行草场承包办法时以牧民原有的草场为基础，进行合理划分，重点调整占有草原面积过大或过小的牧民，根据草场面积分布不均的实际状况，可以在毗邻地区调出或调入；牧民承包经营的草原面积，重点参考所在村、社现有人口、牲畜数量和草场面积及等级等因素综合考虑，提出合理的标准，由村（牧）民委员会讨论决定。由于冬春草场与夏秋草场相距较远，给划分带来一定的困难，草场承包办法从冬春草场入手，逐渐深入到边远的夏秋草场。对于草场使用权归属不明确的不进行划分承包；对不同州、县、乡边界有争议的草场，要求各级政府着力解决纠纷、划分边界。针对在具体承包过程中容易出现的挤占牧道、水道以及公共服务设施现象，强调承包工作中要统一规划、统筹安排。尽量减少邻里矛盾，实现草场承包工作的有序管理。为了保证草场划分工作质量，利用对草原资源的普查结果，将草场分为不同等级，然后折合成标准亩，再按分配标准划分承包。对于草场有偿分户承包经营责任制，包括草场固定承包到户和实行有偿使用制度两个内容，青海藏区的冬春草场分户承包工作于 1995 年基本完成，一些地区试行草场有偿使用制度。1996 年，通过制定《青海省草原使用费、补偿费征收管理办法》，进一步调整国家和草原使用者的权益关系，完善草原保护和建设制度，促进草地资源的合理开发利用。

对于完善统分结合的双层经营体制，实现人、牲畜、草原与责任、权力、利益的统一，以及调动广大牧民管理和建设草原的积极性，促进畜牧业生产和藏区经济的发展，草场承包制度发挥了重要的作用，截至 2000 年草场承包工作基本完成。

（二）进行畜牧业基础建设

1. 草地建设工程

对于牧民来说，草地是他们的生存之本。青海藏区的草地建设不同时代呈现不同特征。20 世纪 60 年代实行“封滩育草”；70 年代实行围建“草库伦”；80 年代以建设“网围栏”为主。“大跃进”时期牧区开展的开荒运动，使得藏区草场曾一度遭到严重破坏；60 年代后期至 70 年代初期，藏区一些地方开始推行“草场分离，按等牧畜”的放牧办法。这种因畜制宜、合理利用草场的方法，使得藏区草场重新得到恢复。

到 1979 年，青海藏区用草皮、土墙、刺铁丝等共围建草库伦 73.33 万公顷。1981 年后，藏区开始引进推广高强度镀锌钢丝网围栏。此后，全省围栏草场每年以近百万亩的速度发展。实行牲畜、草场承包责任制后，牧民建设围栏草场的积极性逐渐提高。1983 年 10 月，青海省人民政府颁布了《青海省草原管理试行条例》，规定“拥有草原所有权和使用权的单位，都要根据当地的自然条件和畜群结构，合理安排季节草地，实行轮牧，合理配置畜群饮水点，合理配置绵羊配种点。草场使用单位要定期测定牧草产量，根据当年产草量的丰歉，调整家畜过冬存栏数，逐步实行以草定畜，做到畜草平衡”，并于 1989 年 11 月颁布了《青海省实施〈中华人民共和国草原法〉细则》，规定“合理利用草原，坚持以草定畜，各县应根据不同类型的草场和年产草量确定合理的家畜饲养量，保持畜草平衡，防止利用过度造成草原退化”，还规定“使用草原的单位和个人，应划定季节放牧区和割草区，建立轮牧制度”。随着这些有关保护草场的法律及政策的出台，青海藏区的草场得到了有效保护和利用，牧民的牲畜出栏率和商品率不断提高。

除此之外，草地建设中还有灭鼠灭虫的任务，以及修渠引水，灌溉草场，以此改善牧草生长状况。改革开放以后，藏区在上述各方面均取得了可喜的成绩。

2. 防灾基地建设工程

青海藏区自然灾害频繁，常见的有雪灾、旱灾、风灾、雹灾。数据显示，1956～1996 年青海藏区共发生雪灾 11 次，累计受灾牲畜有 4224.17 万头（只），其中死亡 854.17 万只，造成直接经济损失 1187 万元。新中国成立后，先后于 1956 年、1970 年、1979 年发生旱灾，使得牧草减产 1/3 到一半，每次死亡成畜在 55 万～100 万头（只）。青海藏区的风灾也使草地沙化，造成牲畜死亡，给人民生活和生产带来巨大损失。雹灾也会造成人畜伤亡。针对频繁发生的自然灾害，从 20 世纪 70 年代开始，青海藏区进行以围栏草地、人工种草、牲畜棚圈和牧民定居房屋相结合的“四配套”建设，这对抗灾保畜起到了很好的作用。以 1980 年玛沁县东倾沟公社实施的以户为单位围建小型草库伦，与建设定居房屋和永久牲畜棚进行配套为起点，以“四配套”为主的防灾基地建设逐步在藏区开展。随着牧区改革的不断深入，“四配套”建设有了较快的发展。截至 2000 年底，广大牧区已修建完成了围栏草场 210.23 万公顷，修建牲畜棚 346.39 万平方米，定居牧户近 8 万户。“四配套”建设在一定程度上改变了牧区恶劣的生产条件，同时也增强了防灾抗灾能力，促进了畜牧业生产的稳定发展。

此外，改革开放以后，青海藏区逐步摆脱单一经营畜牧业的格局，地方工业和乡镇企业中的畜产品加工、采集、采矿业以及“为牧而农”的种植业开始起步。藏区的畜种、畜群结构按照自然规律、经济规律逐步进行调整，畜牧业生产水平不断提高。如 1949 年年末牛、马、羊、骆驼、猪的存栏数分别为 212.6 万、18.2 万、499.47 万、0.38 万、11.12 万，1978 年牛、马、羊、骆驼、猪的存栏数分别为 497.34 万、46.59 万、1644.95 万、2.69 万、84.49 万，分别增长了 284.74 万、28.39 万、1145.48 万、2.31 万、73.37 万，如表 2－1 所示。畜牧业产值由 1949 年的 0.7028 亿元到 1978 年的 2.7972 亿元，增长了 2.0944 亿元。改革开放以后，青海藏区为了更好地保护生态环境，减轻草场的承载力，开始逐渐减少牲畜数量，到 2000 年主要牲畜牛、马、羊的年末存栏数分别为 390.50 万、33.78 万、1642.04 万，与 1978 年的年末牲畜存栏数相比分别减少了 106.84 万、12.81 万、2.91 万。但畜牧业总产值由 1978 年的 2.7972 亿元到 2000 年的 15.6639 亿元，增加了 12.8667 亿元，如表 2－2 所示。

表 2－1　主要年份各类牲畜年末存栏数

单位：万头（只）

年份	牛	马	羊	骆驼	猪
1949	212.60	18.20	499.47	0.38	11.12
1952	248.58	21.61	642.64	0.40	14.15
1957	355.17	33.59	1086.52	1.33	20.16
1958	181.71	23.88	861.53	1.49	19.85
1962	189.52	18.61	783.62	1.07	24.14
1965	299.99	27.22	1149.45	1.36	53.17
1966	330.06	29.97	1273.46	1.43	45.16
1970	390.95	36.63	1300.18	1.77	42.21
1971	416.40	38.34	1451.19	1.82	51.71
1975	445.57	41.96	1447.36	2.38	72.93
1978	497.34	46.59	1644.95	2.69	84.49
1980	486.77	41.86	1612.84	2.74	68.25
1981	501.12	42.29	1617.57	2.81	66.51
1985	515.89	44.00	1328.18	2.35	83.00
1986	544.46	46.62	1494.48	2.17	88.03
1990	538.60	44.80	1608.30	2.42	96.50
1991	550.15	41.55	1641.48	2.06	93.16
1995	500.88	34.55	1666.31	1.41	108.86
1996	443.18	37.26	1569.53	1.72	107.10
2000	390.50	33.78	1642.04	—	103.64

表 2－2　1949～2000 年主要年份畜牧业产值

年份	农业总产值（亿元）	畜牧业产值（亿元）	占农业总产值%	备注
1949	1.3339	0.7028	52.69	1949～1956 年按1952 年不变价格计算
1952	1.6873	0.8355	49.52	
1953	1.6468	0.8632	52.42	

续表

年份	农业总产值（亿元）	畜牧业产值（亿元）	占农业总产值%	备　注
1957	2. 8792	1. 3056	45. 22	1957～1970 年按 1957 年不变价格计算
1958	2. 2819	0. 6529	28. 61	
1960	2. 1253	0. 6801	32. 04	
1961	2. 0559	0. 7419	36. 09	
1963	2. 9803	1. 1783	39. 54	
1965	3. 6546	1. 4588	39. 32	
1966	3. 5830	1. 6515	46. 09	
1970	3. 8381	1. 8536	48. 29	
1971	4. 3062	1. 8818	41. 98	1971～1980 年按 1970 年不变价格计算
1975	5. 4134	2. 3736	43. 85	
1978	5. 7341	2. 7972	48. 78	
1980	6. 1133	2. 8873	47. 23	
1981	7. 7368	3. 7420	48. 37	1981～1989 年按 1979 年不变价格计算
1985	10. 3457	4. 4231	42. 75	
1986	10. 8298	4. 7053	43. 46	
1989	11. 5520	4. 9269	42. 65	
1990	25. 5918	12. 1256	42. 38	1990～2000 年按 1990 年不变价格计算
1995	28. 2283	13. 7872	48. 84	
1996	29. 3328	13. 2509	45. 17	
2000	31. 6560	15. 6639	49. 48	

四、中央政府政策对青海藏区经济发展的影响

任何一个国家或地区的政府政策对经济发展的作用都是巨大的。就某一地区

经济发展而言，政府“一定政策的实施，可以使某些地区从此繁荣起来，它同样也可以导致另外一些地区的经济长期处于缓慢发展或停滞状态。”①

（一）新中国成立初期——区域平衡发展战略

经济发展的真实含义不是几个重工业产业鹤立鸡群式的增长，而是国家综合国力的提高。具体来说，对于一个处于落后地位的经济体来说，所要寻求的发展，应该是资源结构的提升或人均资本量的增加。② 新中国成立初期，“从交通运输看，西北、西南地区占全国国土面积的60%，铁路长度只占5.4%。从国民经济的综合指标看，1952年，西北、西南地区占全国国土面积88.7%的内地国内生产总值只占全国国内生产总值的54.6%，而占全国国土面积11.3%的沿海地区却占了45.4%。1952年人均国内生产总值，全国平均为119元；沿海地区为131元，相当于全国水平的110%；内地平均为111元，相当于全国水平的93%，相当于沿海地区水平的84.9%。从经济结构看，1952年，沿海地区第一产业占国内生产总值的比重为53%，比沿海地区高6个百分点，第二、三产业比重为47%，比沿海地区低6个百分点。”③

考虑到备战需要和经济发展需求，国家实施区域均衡发展战略，分别从投资和财政转移支付两方面采取相关的政策措施。在青海藏区，国家也投资兴建了一批军工企业。但由于资金、人才、技术等方面的落后，这些企业并未产生预期的效果。相反，随着国际政治形势的变化，导致这批企业后来纷纷倒闭，给青海藏区造成了严重的资源浪费和环境破坏，经济没有得到相应的发展。同样，这种向落后地区倾斜式的投资战略也没有从根本上缩小东、中、西部地区的发展差距和收入差距。另外，新中国成立初期，青海始终是中央政府财政补助的对象，而且受补助的比重比较高。④

从实践中看，这种区域均衡发展战略，由于过分强调区域平衡发展而忽视了经济发展和区域生产力布局的效率原则，是一种低水平的均衡。青海藏区经济发展滞后的状况并未从根本上得到改变。

---

① 陈桦．清代区域社会经济研究［M］．北京：中国人民大学出版社，1996.

② 林毅夫，蔡昉，李周．中国的奇迹：发展战略与经济改革［M］．上海：上海人民出版社，2002.

③ 苏少之．20世纪50～70年代中国沿海与内地经济发展差距研究［J］．中南财经大学学报，2001（1）．

④ 王一鸣认为：“地方财政收支大于支出的数额，即为上解额；地方财政支出大于收入的数额，即为下拨额；收入大于支出地区的上解额之和，即为地方向中央转移支付的总规模；支出大于收入地区的下拨额之和，即为中央向地方转移支付的总规模。”

（二）改革开放初期——非均衡发展战略

改革开放初期，国家开始注重宏观经济效益，对经济发展战略进行重新调整，即充分利用东部地区的区位优势和较好的经济发展基础实施了“非均衡发展战略”。针对青海，中央政府首先从财政政策上给予支持，即将青海纳入“定额补助”的对象。中央政府规定，“对民族自治区和如同民族地区的省，按照中央财政核定的定额补助数额，在 5 年内继续实行每年递增 10% 的办法。”① 同时又实行扶贫开发政策。1980 年，财政部设立了“支援不发达地区发展资金”，用于支持老、少、边、穷地区的经济发展，青海藏区也享受到了扶贫专款。1986 年，国务院专门成立了“贫困地区经济开发领导小组”，以县为单位确定国家的扶贫对象，并采取相关的改革措施和优惠政策，青海藏区的部分县成为国家的扶贫对象。此外，政府又实行了对口支援政策，青海也得到了山东的支援。与此同时，政府又实行了支持少数民族地区发展的相关政策，专门安排“少数民族发展资金”，集中解决少数民族和民族地区的特殊困难和问题。在“七五”时期，政府制定了三大地带产业发展规划，地处西部的青海主要发展农牧业和交通运输业，积极利用本地资源，发展一些加工业和民族特需品工业。

改革开放政策使东部地区经济得到了前所未有的发展，经济的快速发展提高了对资源富集的青海地区的要求。“八五”时期，国家提出对青海等西部地区实行同等优先的政策，并提高对这些地区的投资比重。1994 年，国家实施“八七”扶贫攻坚计划，将沿海经济发达地区的中央扶贫信贷资金用于中西部贫困地区。一方面，国家开始增加扶贫资金；另一方面，政府重新安排对口帮扶政策，确定辽宁帮扶青海。国家开放了内陆地区 10 多个省会城市，西宁市包含在内，实行与沿海地区同等的开放政策。主要包括以下优惠政策：对外经济合作权限；享有引进国外先进技术和管理经验，改造老企业和开发现代农业的优惠政策；外商投资开发和经营成片土地。1994 年，政府开始积极扶持青海等经济欠发达地区的发展，逐步缩小经济发达地区与经济欠发达地区的发展差距，由地区倾斜转变为产业倾斜，不同地区依据自身条件选择重点和优势产业，有效避免了产业结构趋同化，对青海等地区开发建设中的重大项目给予大力支持，促进了青海经济发展。

---

① 韦伟．中国经济发展的区域差异与区域协调［M］．合肥：安徽人民出版社，1995.

（三）西部大开发时期——协调发展战略

21 世纪开始的国民经济和社会发展第十个五年计划时期，中央政府决定实施西部大开发战略，以加快西部地区发展。中央政府本着加快西部地区的基础设施建设、加强西部地区的生态环境保护和建设、加快西部地区改革开放步伐、优先发展科学技术和文化教育卫生事业为目标，相继出台了旨在加快西部地区经济发展的一系列政策措施。

首先是投资政策，政府投巨资建设青藏铁路、西气东输、西电东送、公路建设等基础设施项目；为了保护三江之源，政府实行退耕还草、还林、天然草原恢复与建设等工程；加大对青海藏区等地义务教育的支持力度，增加资金投入，提高九年义务教育普及率，加大对该地区高等教育的投资，实行广播电视“村村通”工程。

其次是外商投资优惠政策，放宽了青海等地区吸引外商投资领域和设立外商投资企业条件，并放宽设立外商投资企业外商持股比例限制。在青海等地区，如果外商投资国家鼓励的产业，将会减 15% 的税率征收企业所得税；如果在这些地区新办交通、水利、电力、邮电等企业，实行企业所得税的“两免三减半”政策。

再次是信贷优惠政策，对青海等地区的基础产业，银行加大信贷投入，并延长项目贷款期限。

最后是有关土地和矿产资源的优惠政策，对青海等地区的荒山（地）实行谁种草造林，谁就拥有土地使用权的政策。实行土地使用权 50 年不变，期满后可以申请继续使用，可以继承和有偿转让。

西部大开发政策使青海藏区充分利用自身的优势，借助国家强有力的政策支持，取得了辉煌的发展成就。

综上所述，历朝历代的政府根据青海藏区的实际和当时特点，在不同历史时期都发挥了相应的政府职能。认真总结政府职能发挥过程中的经验教训，认真分析现时代青海藏区经济发展中政府职能的现状，对未来青海藏区的经济乃至社会发展具有十分重要的意义。

第三章　现阶段青海藏区经济发展中政府职能的现状透视

一、政府干预青海藏区经济发展的条件

经济学家阿瑟·刘易斯曾说：“政府的失败既可能是由于它们做得太少，也可能是由于它们做得太多。”综观各国经济发展史的成功经验和失败教训，如果没有一个明智和适度的政府功能，任何国家实现经济发展和社会进步都是不可能的；同时，政府干预过多而带来的阻碍经济发展和社会进步的例子，也可谓汗牛充栋。其实探讨政府的经济职能，实际上探讨的是在经济发展过程中，政府所扮演的角色。

在现代市场经济条件下，一个有效的政府仍然是经济社会发展的关键；但“政府的作用是补充市场，而不是替代市场”。[①] 需要进一步指出的是，在发展中国家，尤其是在经济发展比较落后的地区，如在青海藏区，由于市场发育先天不足，政府还应有培植市场的功能。总之，现实经济发展中，政府的角色到底如何定位，是“大政府”有利于经济发展，还是“小政府”更有效，这是我们所面临的一个重要问题。正如马克思所说：“在古代国家中，政治国家就是国家的内容，其他的领域都不包含在内，而现代的国家则是政治国家和非政治国家的相互

---

① 世界银行.1997 年世界发展报告　变革世界中的政府［M］. 蔡秋生等译. 北京：中国财政经济出版社，1997.

适应。”① 在这里，马克思指出，古代国家就是单纯的政府统治的政治国家；而现代国家，政府除了具有最基本的统治职能外，还有一些非政治的事务需要政府的管理。对于这种现象，托马斯·戴伊曾有过论述：“如果说，政府的权力曾经一度受到限制的话——政府除了保护法律和秩序，保护私人自由、私人财产，监督合同、保护本国不受侵略之外，没有别的权力——那个时代早已过去；今天认为政府机构干涉我们生活中‘从生到死’全过程的各个方面的看法是很平常的……看来政府的职责是无限的，而我们每天都给政府增添新任务。”② 这些新增添的任务，就是随着日益增长的物质和文化需求而对政府职能提出的新要求。为此，政府职能呈现无限扩充之势，但这并非意味着政府是万能的。我们的目标是尽量做到政府的作用与能力相符，以提高政府职能的有效性。在青海藏区经济发展中，政府面临着自然资源丰富、社会结构复杂、市场机制不完善、市场不开放等诸多困难。这就要求青海藏区政府更应该注重自身特点，切实把握农牧民心态，以保证实施的相关政策使农牧民在经济上能接受、在心理上能认同。

（一）自然地理条件

人类生存与发展的物质基础就是自然地理环境。自然地理因素是影响一个国家或地区发展的重要因素之一。正如经济学家刘易斯所说：“每个国家都有一些地区比其他地区更富裕，一些地区（不一定是最富裕的地区）比其他地区发展得更快。这是因为，首先，不同的地区具有不同的增长潜力，某些地区的矿物资源或水资源丰富，或者具有良好的自然港口，而另外一些地区资源极贫乏；其次，即使所有地区都在同等的资源条件下起步，由于地理上的集中，个别地区将会获得更集中的发展。”③

从区位条件看，青海藏区偏居西北内陆，远离经济中心和经济发达区域。“区位反映了一个区域在全国经济发展总体格局中的地位，以及市场、其他区域的空间关系，这种关系直接或间接地影响地区经济发展的空间和机会。”④ 青海藏区交通不便、信息闭塞。与东部地区相比，经济活动成本明显偏高，因而限制了各种要素资本的流入。区位也是影响地区经济发展的一个重要因素。

---

① 马克思恩格斯全集（第一卷）［M］．北京：人民出版社，1956.

② 托马斯·戴伊．谁掌管美国［M］．北京：世界知识出版社，1980.

③ 包建．区域经济协调发展中的政府作用［M］．北京：经济科学出版社，2009.

④ 张敦富，覃成林．中国区域差距与协调发展［M］．北京：中国轻工业出版社，2001.

青海藏区是一个自然资源十分丰富的待开发地区。这里是全国五大牧区之一，可利用草原面积占全国的15%左右。青海藏区境内河流众多，水量充沛，落差集中，素有“江河之源”的美称，是我国水力资源的“富矿”带；这里矿产资源种类多，储量大，柴达木盆地以“聚宝盆”的美称享誉中外；青海藏区的动植物资源也比较丰富，植物以药材类居多，有冬虫夏草、大黄、贝母、甘草、雪莲、雪灵芝等名贵药材；野生动物藏羚、盘羊、白唇鹿、雪豹、黑颈鹤等国家珍稀品种；青海藏区的旅游资源独有青海湖及鸟岛、万丈盐桥、日月山、坎布拉森林公园等高原风光旅游景点；有著名的藏传佛教圣地塔尔寺，以及具有浓郁民族特色的黄南藏族热贡艺术；等等。

青海藏区作为“三江（长江、黄河、澜沧江）之源”，生态价值高于经济价值。如何在促进经济发展的过程中，保护好生态环境，促进人与自然的和谐发展，是该地区政府面临的重大任务。但是，伴随着现代化的进程，青海藏区农牧民的生产生活方式发生了较大的变化，也影响到了该地区环境与文化的变迁。基于政府意志的“发展”诉求打破了藏区原有的生计方式与生态环境的平衡，进而破坏了对藏区牧民与自然环境关系起到调节作用的游牧文化的功能。青海藏区经济发展面临双重含义的市场失灵。一是在经济含义上，二是在生态环境含义上。国家作为一种在给定地区内对合法使用强制性手段具有垄断权的制度安排，[①] 就成为矫正这种“双重市场失灵”最后的和绝对的调节力量。[②] 因此，政府职能就成为青海藏区经济发展的一种特殊的社会需求。

（二）社会结构形式

青海藏区的社会结构形态在新中国成立以前是极为复杂的，呈现多层次的形态差别。新中国成立以前存在的社会结构形态主要包括：原始社会末期形态、奴隶制社会形态、与封建领主制相联系的社会形态、行政区划制和基层保甲制，在这种形态中已具有资本主义生产关系萌芽因素。青海藏区的社会结构形态还存在部分混合型社会形态，如在经济上表现出明显的领主制特征，而文化习惯上仍表现出原始性特点；在行政区划上已隶属郡县制范畴，但经济文化皆属于原始末期或奴隶制、领主制阶段等。这些显现出社会历史阶段发展的极不平衡性和行政形

① 盛洪．现代制度经济学［M］．北京：北京大学出版社，2003.

② ［英］鲍桑葵著．关于国家的哲学理论［M］．汪淑钧译，北京：商务印书馆，1995.

态的多样性。

新中国成立以后，伴随着民主改革和民族区域自治制度的建立，从根本上改变了历史上多层次行政形态并列的局面。青海藏区各少数民族，无论其在历史上曾处于什么性质的社会形态，都随着社会主义制度的建立而统一跨越了一个或数个社会形态，直接进入社会主义历史阶段，实现了一种历史发展的直接升格和多重飞跃，以此社会主义制度成了藏区各族人民共同的社会制度。一切社会形态的历史差别都在统一的社会主义社会形态中成为历史。很显然，民族地区多层次的社会形态实现统一的历史跨越仅靠自发形成完全不具有可能性，因此，“政府干预”是必要的条件。

新中国成立前，青海藏区所处的社会形态，决定了“政府干预”是实现历史性跨越的必要条件，但是，跨越后出现的历史包袱依然存在。在此条件下，政府干预青海藏区的经济发展，势必会遇到前所未有的困难和挑战。笔者认为，政府职能转变的决定性因素，应该从社会领域分离的动力机制中去寻找。只有这样，才能使现实政府正确选定职能转变的目标，确定政府发挥职能作用的范围和强度。

（三）市场机制的发育程度

社会主义经济制度的产生不同于任何资产阶级国家经济制度的产生。社会主义的建立是先有无产阶级专政的国家，而后有社会主义的经济制度。所以，经济体制是由国家创立的，国家的经济职能定位决定经济体制的模式和演变。

市场经济体制的成熟程度和市场机制的发展完善程度对政府职能提出了不同的需求。在青海藏区，由于其地理、人文环境的特殊性，政府在经济发展方面的职能定位决定经济体制的格局，即政府经济职能变化决定经济体制变化。随着政府经济职能模式的不断变化，我国的社会主义市场经济体制已初步形成。但对于青海藏区而言，传统的计划经济体制似乎已经解体，而市场经济体制还是没有得到很好的发展。究其原因，主要是近几年政府虽然对经济体制进行了多次调整，但都不是从政府经济职能的变化开始的。因此，体制调整并没有动摇计划经济体制的逻辑根基，其结果在一定程度上反而强化了原有的计划经济体制。政府经济职能变革的根本是按照市场经济的要求重新调整政府的权力范围，青海藏区旧的计划经济模式形成了固有的权利结构与利益格局，在市场经济体制下，进一步规范政府的职能范围，必然会带来理念上的冲突和权力、利益调整的矛盾。因此，青海藏区政府经济职能模式改革能否顺利、规范推进，取决于能否以现代市场经济的要求为导向调整好权力、利益格局。

青海藏区作为一个经济发展滞后的地区，要实现工业化，缩短与发达地区的差距，首要的任务是要努力培育新的市场经济体制，这是落后地区赶超经济发展战略的内在要求。在经济不发达地区，政府积极参与经济活动具有一定的合理性，但是，市场经济的发展特点要求政府对经济的干预要适度。迄今为止，青海藏区政府直接配置资源的职能仍然比较宽泛，而且依靠行政手段直接控制经济运行，政府指令性计划手段在职能方式中依然具有重要作用，从而制约了市场机制在资源配置中的功能，制约了青海藏区民间经济主体自主发展经济的积极性。

（四）市场开放程度

青海藏区由于地理环境复杂、人文环境特殊，外资不愿注入，而青海的产品由于科技含量低，又无法与外地产品进行竞争，因而市场开放程度不高。

国际贸易和对外开放是促进国家和地区经济增长的重要因素。青海藏区由于经济落后，工业不发达，产品的科技含量比较低，往往抵挡不住外来商品的冲击。另外，由于地区差距造成的与东部地区产品之间进行不平等的交换，青海藏区更多地采用地方保护主义政策，分割了与全国市场的联系，扭曲了市场的一般规则。再加之青海藏区本身市场机制不完善，这些都妨碍了生产要素的开放与流动。改革开放以来，国家重点扶持东部沿海发达地区的经济发展，先后出台了各种相关的优惠政策，不仅加大了东部沿海发达地区的发展动力，也加速了东部沿海发达地区利用外资的步伐。而地处西部的青海藏区，由于自身的发展条件，严重缺乏相应的吸收外资的优惠条件和优惠政策，因此，在吸引外资、对外开放方面与东部沿海发达地区差距甚大。由于外资的利用情况是衡量一个国家或地区开放程度的重要指标，吸收和利用国际直接投资是缓解资金不足对地区经济增长约束，促进社会人力资本积累和技术进步、改造地区生产函数、实现地区经济又好又快发展的有效途径，因此，青海藏区外资利用率低、经济开放程度低也是其经济发展缓慢的重要原因。

从图 3－1 可以看到，“西部大开发”战略实施以来，青海的外资依存度从 2000 年的 1.26% 增长到 2006 年的 3.42%，增长了 2.16 个百分点，呈现出快速增长的趋势；而全国外资依存度从 2000 年的 3.40% 下降到 2006 年的 2.63%，下降了 0.77 个百分点。虽然青海的外资依存度由于“西部大开发”的倾斜政策有所增长，但青海的出口贸易仍然以内资企业为主，外资企业对青海出口贸易的影

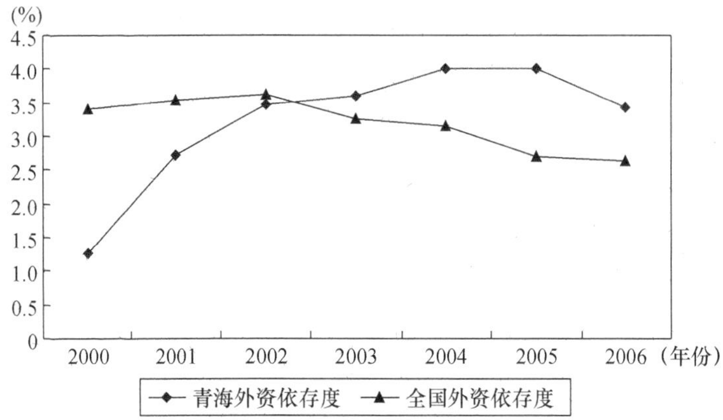

图 3-1 青海与全国外资依存度比较

响仍然非常有限；国际直接投资对全国出口贸易的贡献度从 2000 年的 47.9% 上升至 2006 年的 58.2%，年平均递增速度为 1.03 个百分点；而同期国际直接投资对青海的出口贸易的贡献度仅仅从 2000 年的 1.8% 上升到 2006 年的 2.1%，7 年间仅上升了 0.3 个百分点，如图 3-2 所示。

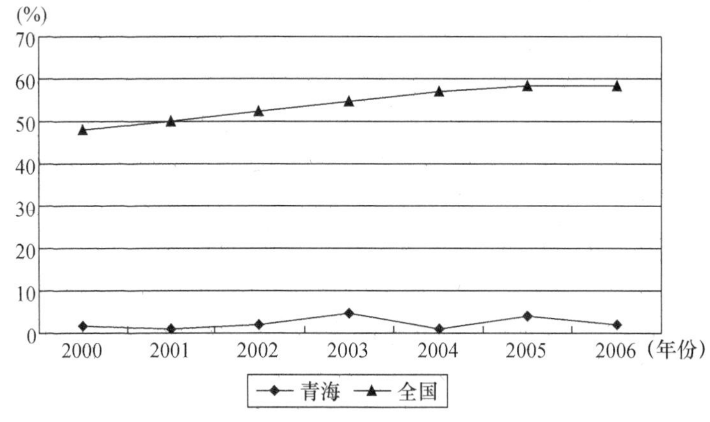

图 3-2 青海与全国国际直接投资对出口贸易贡献度比较

统计数据显示，近几年，青海吸收和利用外资的能力逐步增强，但与全国相比，吸收和利用外资的潜力仍存在较大的差距。为此，青海政府应该根据自身发展的实际需要，不断加快完善相关的地方性政策法规。同时，要增强服务意识，提高行政服务效率，积极顺应市场经济发展的要求，适当简化有关手续和程序，努力吸引外资的投入。

二、青海藏区经济发展中政府职能的现实表现

地方政府职能对经济发展起着十分重要的作用。某个地方政府经济职能发挥得越好，政府效率就越高，这个地区的经济发展水平也就越高；反之亦然。当然，如果地方政府的经济职能出现缺位、错位或越位情况，那么这个政府的效率就必然低下，而且会严重影响地区经济的发展。在青海藏区，一些地方政府官员的思维、观念乃至行动、决策依然停留在计划经济时代，不能适应市场经济的发展；还有一些地方政府官员把“生产力标准”错误地归结为短期的眼前的利益标准，而不顾长期的目标和长远的利益。总之，青海藏区经济发展进程中政府职能的发挥还有许多不尽如人意的现象存在。

（一）政府职责不到位

宋岭、夏永祥等学者对不同地区经济发展中的地方政府职能进行了定量研究，验证了不同地区地方政府经济职能的差异与经济发展差异具有一致性。研究显示，我国地方政府的经济职能同经济发展一样，也存在着东、中、西三大地带差异，如上海、浙江、江苏等东部经济发达地区，其地方政府经济职能也位居前列；而像青海、新疆、西藏等经济相对落后地区，其地方政府的经济职能也明显落后，说明由于地方政府经济职能的落后，直接导致该地区经济发展水平的落后，如表3－1和表3－2所示。①

通过表3－1可以看出，东、西部地区地方政府经济职能存在较大的差距。各地区政府经济职能位居前10名的，西部地区只有陕西（第7名）和重庆（第9名），西部其他地区地方政府经济职能的排名较为靠后，其他相关指标也比较落后。表3－2说明地方政府经济职能与地区经济发展之间有着密不可分的关系。政府经济职能的有效发挥成为地区经济发展的重要的因素之一。由于东部地方政府在对地区经济的推动中较好地把握了政府的行为边界，在积极推动市场化改革的同时不断提高政府对市场经济的适应能力，充分发挥了政府的主导作用，从而

① 夏永祥，成涛林．从政府经济职能角度看长三角与西部地区差距［J］．生产力研究，2004(11)．

表3－1　各地区政府经济职能评价排名表（2002）

	A1	得分	B1	得分	B2	得分	C1	得分	C2	得分	总分	排名
上海	9.77	100.0	24.01	100.0	44.75	48.83	8.08	58.88	3.61	75.85	79.98	1
北京	4.94	50.54	17.85	74.35	34.73	37.91	13.7	100.0	4.77	100.0	67.42	2
安徽	8.30	85.00	09.40	39.16	83.63	91.27	1.25	09.12	1.05	21.97	56.25	3
江苏	7.94	81.26	09.69	40.47	76.04	82.99	1.67	12.18	1.27	26.68	54.88	4
浙江	6.56	67.18	09.68	40.32	82.40	89.93	2.11	11.35	1.74	36.42	53.97	5
天津	6.14	62.89	19.93	83.00	33.59	36.66	4.56	33.27	1.53	32.18	52.62	6
陕西	8.99	92.05	09.69	40.38	47.30	51.62	2.29	16.70	1.08	22.74	51.93	7
湖北	8.75	89.55	09.88	41.16	51.19	55.87	1.82	13.23	0.93	19.51	51.18	8
重庆	5.81	59.42	09.52	39.68	91.63	100.0	1.25	09.11	1.15	24.03	50.73	9
湖南	8.00	81.90	10.53	43.85	61.50	67.12	1.09	07.96	0.67	14.10	50.08	10
四川	7.19	73.62	08.30	34.59	78.87	86.07	0.91	06.60	0.71	14.98	49.45	11
辽宁	6.13	62.77	12.96	53.98	46.28	50.51	3.60	26.24	1.67	34.96	48.91	12
海南	7.22	73.89	09.91	41.28	43.81	47.81	3.34	24.32	1.46	30.67	48.23	13
福建	6.29	64.40	12.07	50.29	61.78	67.42	1.57	11.46	0.97	20.38	47.64	14
河北	7.97	81.60	09.90	41.22	55.32	00.37	0.95	06.89	0.52	10.97	47.48	15
山东	7.33	75.01	09.56	39.82	59.85	65.31	1.21	08.82	0.72	15.20	47.13	16
江西	7.13	72.98	10.83	45.13	58.71	64.07	1.03	07.53	0.61	12.73	46.77	17
广西	4.54	46.49	10.00	41.65	90.51	98.78	1.12	08.20	1.02	21.36	46.46	18
黑龙江	6.03	61.75	12.80	53.32	46.34	50.57	2.59	18.87	1.20	25.17	45.91	19
广东	5.23	53.51	10.18	42.41	59.20	64.61	2.31	16.81	1.37	28.66	44.28	20
河南	6.37	65.24	08.46	35.23	68.43	74.68	0.72	05.27	0.49	10.38	43.90	21
甘肃	6.91	70.68	08.96	37.33	52.73	57.54	0.99	07.20	0.52	10.93	42.90	22
内蒙古	6.64	67.99	10.41	43.35	36.20	39.51	2.31	16.81	0.84	17.53	42.12	23
云南	4.45	45.55	10.67	44.46	66.51	72.58	0.99	07.19	0.66	13.77	40.22	24
贵州	4.72	48.32	08.18	34.09	74.34	81.13	0.60	04.38	0.45	09.37	39.60	25
宁夏	3.21	32.89	16.46	68.56	43.31	47.26	1.53	11.13	0.66	13.88	36.76	26
山西	5.95	60.94	08.78	36.58	35.52	38.77	1.29	09.41	0.46	09.63	36.21	27
吉林	3.11	31.79	13.67	56.95	45.26	49.39	2.09	15.24	0.95	19.86	36.07	28

续表

	A1	得分	B1	得分	B2	得分	C1	得分	C2	得分	总分	排名
青海	4. 16	42. 61	11. 59	48. 30	39. 89	43. 53	1. 82	13. 26	0. 73	15. 23	35. 40	29
新疆	4. 59	46. 98	10. 29	42. 85	26. 88	29. 33	2. 71	19. 74	0. 73	15. 28	33. 78	30
西藏	4. 52	46. 23	07. 40	30. 82	21. 83	23. 82	1. 63	11. 89	0. 36	07. 47	27. 71	31

注：①A1 用国内生产总值与政府消费之比表示政府的外部效率；B1、B2 两个指标表示政府的自身效率，B1 是行政管理费占政府支出的比重，B2 是政府机关从业人员占总从业人员的比重；C1、C2 表示社会自治能力，C1 是社会服务业从业人员占总从业人员的比重，C2 是社会服务业从业人员与政府机关从业人员之比。

②指标 B2 我们用“国家机关、党政机关和社会团体工作人员”代替“政府机关从业人员”，因为从目前中国的党务和政务交叉、党务直接决定和影响政务的实际情况看，用这个指标更具现实意义。

③对每一个指标的最高我们赋值 100 分，其余省份均按与该最高值的比值折算成各得分，再赋予各指标不同的权重，然后加总计算出总分，其中 A1、B1、B2、C1、C2 分别赋予 0. 3、0. 2、0. 2、0. 15、0. 15 的权重，最后按得分高低排名。

资料来源：由《中国统计年鉴 2003》相关数据整理而得，其中国内生产总值采用的是按支出法核算的国内生产总值。转引自夏永祥，成涛林. 从政府经济职能角度看长三角与西部地区的差距［J］. 生产力研究，2004（11）.

表 3－2　各地区地方政府经济职能得分与人均国内生产总值（2002）

地区	政府经济职能得分	人均国内生产总值(元/人)	地区	政府经济职能得分	人均国内生产总值(元/人)	地区	政府经济职能得分	人均国内生产总值(元/人)
内蒙古	42. 12 (100)	7241 (100)	浙江	53. 97 (128. 13)	16838 (232. 54)	贵州	39. 60 (94. 02)	3153 (43. 54)
黑龙江	45. 9 (109. 00)	10184 (140. 64)	福建	47. 64 (113. 10)	13497 (186. 40)	广西	46. 46 (110. 31)	5099 (70. 42)
吉林	36. 07 (85. 64)	8334 (115. 09)	广东	44. 82 (105. 13)	15030 (207. 57)	海南	48. 23 (114. 51)	7803 (107. 76)
辽宁	48. 91 (116. 12)	12986 (179. 34)	安徽	56. 25 (133. 55)	5817 (80. 34)	宁夏	36. 76 (87. 28)	5804 (80. 16)
山东	47. 13 (119. 90)	11645 (160. 82)	江西	46. 77 (111. 05)	5829 (80. 50)	甘肃	42. 90 (101. 85)	4493 (62. 05)
河北	47. 48 (112. 72)	9115 (125. 88)	湖南	50. 08 (118. 89)	6565 (90. 66)	陕西	51. 93 (123. 29)	5523 (76. 27)

续表

地区	政府经济职能得分	人均国内生产总值(元/人)	地区	政府经济职能得分	人均国内生产总值(元/人)	地区	政府经济职能得分	人均国内生产总值(元/人)
山西	36.21 (85.96)	6146 (84.88)	湖北	51.18 (121.52)	8319 (114.89)	新疆	33.78 (80.20)	8382 (115.76)
天津	52.62 (124.92)	22380 (309.07)	河南	43.90 (104.22)	6436 (88.88)	西藏	27.70 (65.77)	6093 (84.15)
北京	67.62 (160.53)	28449 (392.89)	重庆	50.73 (120.45)	6347 (87.65)	青海	35.42 (84.10)	6426 (88.75)
上海	79.98 (189.90)	40646 (561.33)	四川	49.45 (117.41)	5766 (79.63)			
江苏	54.88 (130.29)	14391 (198.74)	云南	40.22 (95.48)	5179 (71.52)			

注：①本表数据值中，不带括号的是各指标的真实值，括号内的数值是用各地区相关指标除以内蒙古（作为基数）的指标值而得到的无量纲化处理值。

②我们将长三角和西部地区作为虚拟政府而计算出各指标值。

资料来源：政府经济职能得分来自表6-6，人均国内生产总值来自《中国统计年鉴2003》。转引自夏永祥，成涛林．从政府经济职能角度看长三角与西部地区的差距［J］．生产力研究，2004（11）．

形成了有利于经济发展的政企关系，这是东部地区经济得以飞速发展的关键。而西部地区地方政府职能转变滞缓，而且出现了严重的缺位、错位或越位现象，政府职能与市场经济发展的要求不相适应，这是西部经济发展落后的重要原因之一。

通过表3-1、表3-2，我们也可以看出，青海省与全国其他地区之间，地方政府经济职能同经济发展差距一样，也存在着较大的差距。青海省地方政府经济职能的排名较为靠后，各项指标也均较为落后，且低于全国总体平均水平。研究表明，在区域经济发展过程中，地方政府职能与中央政府的“试错权”赋予有一定的关系，东部省市的地方政府被中央政府赋予了充分的“试错权”，并进行适当的演绎和创新，从而很好地发挥了政府的主导作用。而从历史角度看，青海的地方政府并没有被国家赋予“试错权”，中央政府主导的战略指导思想始终未变，于是地方政府缺乏改革的自主性和积极性，地方政府的经济职能越位、缺位现象并存，投资软环境没有根本的改观，市场制度建设滞缓，从而使得原本持观望态度的民间资本、外资打消了来青海投资的想法。所以，在青海藏区经济发

展中，改善政府职能有着十分重要的意义。

通过对全国不同地区经济发展差距中政府职能作用的分析，我们看到，地方政府的主动性、创新性是决定地方政府效率高低的重要因素。在经济发展过程中，东部地区地方政府能够充分发挥主导作用，对中央政府的政策依据本地情况进行不断创新，确实起到了推动经济迅速发展的作用；相比之下，青海藏区地方政府在经济发展中相对缺乏积极性和创造性，因而影响了藏区经济的发展。因为“一个有效的政府对于提供商品和服务——以及规则和机构——是不可缺少的，政府提供的大量的商品和服务可以使市场繁荣，使人民过上更健康、更快乐的生活。没有一个有效的政府，无论是经济的还是社会的可持续发展都是不可能实现的”。①

进一步分析，青海藏区政府在政府职能的认识上及其相关行为中存在如下两大问题。

1. 政府对发展模式认识不清晰

对任何一个国家或地区来说，发展经济是非常重要的。邓小平曾说：“抓住时机，发展自己，关键是发展经济。现在，周边一些国家和地区经济发展比我们快，如果我们不发展或发展得太慢，老百姓一比较就有问题了。所以，能发展就不要阻挡，有条件的地方要尽可能搞快点，只要是讲效益，讲质量，搞外向型经济，就没有什么可以担心的。”②“发展才是硬道理。”③

改革开放政策使东部沿海地区迅速发展起来，但处于特殊的自然环境和历史条件下的青海藏区，经济发展相对缓慢。直到1999年“西部大开发”政策的实施，才开始注重从结构上调整政府对经济的干预，并采取了一系列经济改革措施。通常情况下，结构调整力图减少或重新定位国家对经济的干预，并更多地依赖市场来完善稀缺资源和商品的配置。④但由于青海藏区的市场经济还不发达，所以许多本该由市场、企业、中介组织和社区组织负责解决的事，仍需要政府的参与才能得到有效的解决。因此，青海藏区政府的职责范围与经济发达地区相比更为宽泛。青海藏区政府行为的内容繁杂，既包括一般地方政府通常的管理内容，也包括一些其他地方所未曾涉及或较少涉及的管理内容。这也显示出青海藏

---

① 世界银行. 1997年世界发展报告：变革世界中的政府［M］. 北京：中国财政经济出版社，1997.

②③ 邓小平文选：第三卷［M］. 北京：人民出版社，1993.

④ Biersteker. reducing the role of the state in the economiy［J］. International studies Quartely，1990（34）：477-492.

区政府比非民族地区政府有更丰富和复杂的社会事务管理要求。管理方式内容上的丰富性和实施中的复杂性，给藏区地方政府的干预行为提供了更大的空间。

但是，青海藏区政府在经济发展中没有有效利用民族区域自治所赋予的一定的政策自主性，没有从实际出发找到自己的发展特色，而只是简单地模仿东部经济发达地区的经验。这种简单的模仿导致了“唯国内生产总值”的增长目标，不顾条件、脱离实际的工业化。由于发展战略、发展目标的模仿而不是创新，青海藏区政府忽视了自己的区域特色，经济政策思路的表面“趋同”并没有使得青海藏区取得与东部沿海发达地区同样的发展成果，却导致了资源浪费、环境破坏等一系列不良现象。

在青海藏区许多政府官员看来，青海藏区的现代化就是由游牧到农业，变牧民为农民；而且最重要的任务是搞工业化，把国内生产总值搞上去。但是，在广大牧民看来，发展畜牧业仍然是不能放弃的生产方式。很显然，在藏区推行工业化导向的政策与游牧生计系统和农牧民生存理性相悖。大量的政策扭曲了藏区生计系统的适应性，导致了藏区对政府的价值归位和文化认同被弱化，同时也带来了一些不稳定的社会因素。

2. 政府短期化的发展政策

青海藏区是藏族与其他民族共同聚居的民族自治地区，是长江、黄河、澜沧江的发源地及水源涵养区，是我国重要的高原生态屏障。生态对于青海藏区乃至全国的意义十分重大，其重要性远高于地区国内生产总值的增大。

改革开放前，由于对生态环境认识不足，政府主导政策的失误曾使青海藏区的生态环境有过几次大的破坏。

1959 年，青海省委实施“以开荒为纲”、“使牧区成为主要粮食基地”的农业发展战略，在青海藏区搞“开垦荒地，粮食自给”活动。1958～1960 年，一方面，动员本地农牧民开荒；另一方面，从河南、山东移入近 10 万名青年，建立了约 40 多个农场，全省开荒 600 多万亩。其中有 100 多万亩天然草地被开垦成耕地，150 多万亩森林灌木遭到砍伐后开垦成耕地。这些被开垦的土地在高寒气候下很快就沙漠化了。① 1958 年地方政府提出的生产目标是“实现母羊一年两产，一胎多羔，百马百驹，百牛百犊”，这一目标全然不顾草场承载能力，直接造成大面积草地被毁。

---

① 陈永峰．当代青海简史［M］．北京：当代中国出版社，1996.

改革开放以后，一些地方政府在经济利益驱动下，只注重眼前利益，忽视长远规划，短期化的发展政策又导致了生态环境的恶化。对于经济欠发达地区而言，在短期内能开发并创造效益的优势资源必然是当地的自然资源，这就使得青海藏区在脱贫致富的早期阶段普遍存在破坏生态资源环境的行为。同时，青海藏区对环境进行破坏的行为约束机制还未建立起来，部分生产者为了取得自身的经济效益而不惜以生态为代价，以外部不经济的行为方式向外部环境转嫁成本或攫取生态效益以达到个人经济效益的最大化。例如，针对青海藏区蕴藏的丰富的药材、贵金属等资源，进行大规模的滥采挖、滥捕捞活动。1988～1989 年，6 万名来自东部农业区的采金者涌入青南地区，使曲麻莱县的 50 万亩草地被毁；同期，柴达木盆地的乌兰县 40 多万亩草地遭到采金者的毁坏。据统计，1988 年全省采金人员达到 12 万人，占用草地 1600 万亩，毁坏草地植被 3.4 万公顷。[①] 青海南部的地方政府曾将采金收入作为地方财政收入的重要来源，2000 年，沙金开采收入占玉树藏族自治州地方财政收入的 30%、占曲麻莱县财政收入的 76%。20 世纪 90 年代，作为国家级贫困县的果洛藏族自治州班玛县县政府将“开发资源”作为治穷致富的目标战略，用极其简陋的设备进行采金，造成长达 120 公里的多柯柯河谷地段的草地林木被毁。1990～1998 年，共采得黄金 950 公斤，工业产值从 1985 年的 18 万元增加到 1998 年的 4200 万元，地方财政收入从 50 万元增加到 300 万元。当地政府在相关利益的驱动下，实行所谓的“金、木、水、药”资源的大开发，进一步加大了对生物资源的采集，建立了木材和药材加工厂（收集虫草、大黄等药材原料加工）。[②]当然，从短期来看，这些“靠山吃山”的开发方式同时增加了地方财政收入和当地人民的收入，带来了一定的经济效益。但是，由于设备的简陋以及技术的落后，青海藏区资源的开发仍然属于掠夺式的，使草原遭到了永久性的破坏。近几年，随着虫草价格的不断攀升，一些地方政府又将致富目标投向虫草。据统计，2006 年，在玉树藏族自治州杂多县挖虫草的外来人员有数万之众，而在果洛藏族自治州玛沁县挖虫草的外来人员达到 8 万多人。地方政府为了尽快实现致富目标，给当地的中小学校专门设立一个月的虫草假，每年包括小学生在内大量的人员采挖虫草。这种过度采挖，对草地的破坏相当严重。

①② 杨虎德主编．青海藏区社会稳定研究［M］．昆明：云南教育出版社，2010.

（二）政府办事效率偏低

能否建立一个结构较合理、办事效率高的行政管理体系对于青海藏区社会经济发展的效率高低有关键性的影响。这是因为各级政府的行政能力、管理效率以及由此决定的投资软环境，对于当地人民的创业积极性，以及吸引外来资金和人才的流入会产生很大的影响。邓小平指出，政治体制改革同经济体制改革应该相互依赖，相互配合。只搞经济体制改革，不搞政治体制改革，经济体制改革也搞不通，因为首先遇到人的障碍。① 1984 年中共十二届三中全会《关于经济体制改革的决定》就指出："要坚定不移地按照为人民服务和精简、统一、效能的原则，改造机关作风，提高工作人员的素质。要改变那种长期形成的领导机关不是为基层和企业服务，而是让基层和企业围着领导机关转的局面。扫除机构重叠、人浮于事、职责不明、互相扯皮的官僚主义积弊，使各级领导机关把自己的全部工作切实转移到为发展生产服务，为基层好企业服务，为国家的繁荣强盛和人民的富裕幸福服务的轨道上来。"②

目前，青海藏区地方政府管理环境中存在的主要问题有：政府机构膨胀，冗员众多，财政负担过重，办事效率低；政府行为缺乏规范，随意性强；政府对经济干预过多，审批制等制度因素可能会带来腐败行为；政府行为的缺位与错位并存。如果不改革青海藏区地方政府机构，就不能保持经济体制改革的成果，也不能继续推进经济体制改革。

1. 管理部门思想保守

管理部门思想保守是青海藏区管理环境低效的重要原因。青海藏区经济社会发展水平低，受现代思想的冲击较少，相当一部分领导干部科学文化素养不够。旧的不适合经济发展规律的思想残余在青海藏区还比较完整地保存了下来，严重阻碍了青海藏区经济社会的发展。

首先，官本位思想突出。由于过分强调官员的重要性，其社会地位、生活待遇等明显比专业技术人员优越，这造成了企事业单位的专业技术人员大量外流，他们或者调动到东部经济发达地区，或者将更多的精力用于争级别、争待遇上。藏区以做官为荣的价值导向直接导致了大批专业技术人才涌向党政机关，不仅荒

① 邓小平文选（第 3 卷）［M］．北京：人民出版社，1993.

② 魏礼群．大力建设服务型政府［J］．求是，2006（21）．

废了自己的专业，而且也容易造成政府机关的不断膨胀。在青海藏区，通常以是否做官作为衡量一个人的价值大小的标准，这种社会氛围对学术环境及科学精神极其不利，严重影响科技水平的进步，从而影响社会经济的发展。

其次，面对落后的发展现实，青海藏区政府将注意力集中在客观条件上，过多强调青海藏区自然环境的恶劣，缺少从自身和主观方面找出落后的真正原因的动力。在实际工作中缺乏主动性和创新性，总是想得到国家和东部地区的扶持。一些政府人员在工作中墨守成规，缺乏创新意识和冒险思想，对现代市场经济的新思想、新观念接受较差，不能适应国际国内环境的变化，容易错过有利的发展机会，失去了许多发展藏区经济的机遇。

最后，个体、私营经济发展受阻。东部地区经济迅速发展离不开个体、私营经济的强力推动，青海藏区长期以来，个体、私营经济没有得到政府政策强有力的支持，甚至有一些政府官员对其发展设置种种障碍，从而限制了个体、私营经济的发展。青海藏区政府将大量的财力、物力、人力投入到国有企业中，利用行政手段和行政命令全力支持国有企业发展但藏区相当数量的国有企业并未能发挥应有的作用。诚然，最近几年，青海藏区政府开始关注个体、私营企业，但与东部地区相比，对个体、私营企业的政策倾斜度力还是不够。有些地方政府官员直接插手经济活动，而个体、私营企业为了自身的发展，也在不断寻求政府“帮助”，无形中增加了政府“寻租”行为的发生。这些都不利于企业的发展，挫伤了青海藏区民间企业发展的积极性和创造性，也影响了外来企业投资发展的积极性。

2. 政府管理效率偏低

高效的管理环境会促进区域社会经济的迅速发展，低效的管理环境则必然使社会经济发展缓慢甚至停滞倒退。青海藏区由于管理机构较多，导致行政管理效率偏低。到目前为止，青海藏区仍然保持着高度集中的政治经济管理体制，是典型的“大政府、小社会”。由于机构庞大，冗员众多，再加之交通条件的制约，大大增加了青海行政事业单位的运行成本。据统计，青海藏区6州的年单车平均维修费用比全国平均水平高出3～4倍，单车百公里燃油费高出25%以上，年维修费及燃料费支出在3万元左右。为了有效行使管理，国家在青海设置了6州1地1市、46个县、369个乡镇。青海的机构设置特点为“点多线长”，特别是藏区，“麻雀虽小，五脏俱全”，造成长期以来财政供养人员占总人口的比重偏大。据统计，2008年，全省财政直接供养人口为27.8万人，直接财政供养人员占总人口的5.1%；藏区6州则高达7%。这一比例远远高于全国的平均水平。大批冗员导致行政管理效率低下，另外也加重了地区财政负担。如果按平均每人每年1万元个人经费标准计算，一个拥有1000名党政干部的县就需要财政供给经费1000多万元。而且每增加一个党政干部，还需要提供相应的办公设施、医疗保障、养老保障等。考虑上述因素，党政部门每增加一个人，一年至少需要增加财政支出2万元以上，财政负担更为沉重。如青海藏区的玛多县，全县只有1.2万人，但管理机构、人员配备都比较齐全，大量的政府公务员无事可做。空设机构的现象在青海藏区大量存在，像果洛、玉树企业极少，但所属每个县都设有国税、地税等相应的征税机关，这些机构的设置没有发挥实际作用，造成严重浪费。

因人设官和因事设官是青海藏区管理机构膨胀的另一个原因。青海藏区机构众多、人员闲置的现象非常突出，因机构膨胀，加重了青海藏区人民的负担，影响了地区社会经济的发展。为了维持庞大的机构开支，加重了对为数不多企业的征税标准。因负担过重，影响企业积累，使企业缺乏资金更新设备、培训员工，减少了科研方面的资金投入，开发不出新产品，在激烈的市场竞争中，企业面临被淘汰的命运。

盛行“不吃皇粮吃杂粮”的观念。由于青海藏区政府机构庞大，冗员众多，部门福利和奖金普遍比较低，在各部门自身利益的驱动下，许多部门和个人将权力当作谋求部门利益和个人利益的工具，大搞“自创自收”活动，改善自己的生活条件。许多政府部门通过乱收费、乱罚款等非法手段获利。大部分收费未纳入预算管理，而是用于职工福利、奖金等消费性领域，加剧了消费基金的膨胀，同时也加剧了社会分配不公的矛盾。

3. 政府干预经济不当

青海藏区政府在一些事务上管理不到位，而在另一些事务上又干预过多，“瞎指挥”。例如，某县政府没有经过市场调查就要求农民种蘑菇，整个种植过程中农民浪费了大量的时间、精力以及资金，但最终因未打通销路，农民利益严重受损，发展蘑菇的产业计划很快就夭折了。还有一些乡镇政府要求农民种蚕豆，到成熟时，前来收购蚕豆的经销商对蚕豆的要求规格特别高，将近一半以上的蚕豆因不符合收购标准而被淘汰。农民缺乏相关的种植技术，政府也没有安排专业技术人员进行现场指导，最终农民利益还是受到了损失。在青海藏区，由于政府无法提供准确的市场信息，在实际工作中未经过科学的决策程序，单方面凭借主观判断盲目指挥，使农民利益受损。各级政府为了干出“政绩”，同时也为了在考核中取得好成绩，对凡是属于自己管辖区域内的各种资源，想方设法进行开发利用，在缺乏对市场深入分析的基础上，发展一些农副产品的粗加工、小煤炭、水利等企业。

为了追求政绩，以国内生产总值为经济发展绩效的主要考核指标使得地方政府的行为更趋向于追求任期内的政绩，特别是经济增长指标。地方政府为了达到控制经济资源和生产要素，进而控制投资规模的目的，匆匆上马一些工程，很多项目缺乏科学的论证，往往会造成低水平的重复建设。藏区粗放的经济增长方式，浪费了大量的资源，诱发了一系列不良社会现象的出现。地方政府为了追求政绩所实行的一些活动，限制了自由贸易的发展，使得价格信号不能发挥真实作用，不利于形成规范的市场体系。重复建设、政绩工程等造成的经济损失无法估算，使原本青海藏区的资金更加短缺，迟滞了藏区社会经济的发展。

（三）政府的法律监督体系不完备

市场经济也是法制经济。如果法制不健全、执法不严和司法腐败，必然会导致社会的不公正和经济秩序的混乱。青海藏区的法制建设是社会转型和建立市场经济的必然要求，也是加快藏区开发的迫切需要。

随着改革开放的深入，中国社会进入了加速转型阶段，青海藏区也从计划经济体制逐步转向市场经济体制。近几年，随着藏区市场经济的发展，对法制建设的要求越来越迫切。

1. 政策效力高于法律的现象严重

青海藏区市场经济不发达，在计划经济体制下，各级政府部门负责配置资源，社会运作靠行政权力。长期以来，青海藏区政府的相关政策常会随着有关领导的变化而波动。由于法制建设相对薄弱，同时政策比法律明显更灵活、容易、方便，很多藏区政府部门习惯用政策代替法律。一些政府官员认为，政策随意性更强，不愿意出台相关的法律法规约束自己的行为。而且，很多政策常随外部的变化而变化，缺乏连续性与稳定性。

2. 法律体系的构建滞后

青海藏区政府法律体系在构建方面表现出严重的滞后性，尤其是随着市场经济发展所引发的相关环境、资源、社会等众多问题，青海藏区在针对这些具体问题的处理时，缺乏专门的法律法规，以致许多问题的解决依然停留在政策层面，无法可依。这种状况也导致了青海藏区经济发展活动的无序化和资源开发的严重浪费，以及生态环境的严重破坏。

（四）基层民主意识不强

村民会议①作为村民自治制度的重要组成部分，是实行农村基层直接民主的基本组织形式。村级民主监督作为村民自治制度的一个重要环节，是基层民主的保障，是提升农民政治地位的主要途径，同时也是推动村级有效治理的重要手段和遏制村干部腐败的重要机制。在青海藏区，每个村也有相应的组织机构，但这些机构并未能有效发挥自身的作用。调查发现，藏区民众对待村民会议的态度较为消极，对村干部信任度不高，村民会议也未能完发挥作用；有相当一部分牧委会、村委会等基层组织运转不畅，基层政权的权威基础被削弱。

依据对全国 246 个村庄 3656 户农户的调查数据，截至 2008 年，我国有 96%的农村已经建立了实施民主决策的村民会议或村民代表会议制度，村民会议已经成为我国农村基本的活动组织形式。村民参加村民会议，集体讨论决定涉及全村村民利益的问题，通过进行民主决策来实现村庄的民主管理。由此可见，村民会议对农村基层民主发展发挥着基础性作用。但是理论存在不等于现实拥有。村民会议在村民自治制度发展与完善过程中还存在一些问题。

首先，农户对村民会议的参议意愿存在区域性差异。这是因为，地理上村落布局存在差异。西部地域广阔，农户居住相对分散；中、东部等平原地区村落农户居住相对集中。

其次，农户教育程度越高，参与村民会议的积极性就越高。教育对农户参与村民会议具有显著性影响。这是因为，教育不但提高农民参政的意识，同时也调动农户参与政治的积极性。在青海藏区，由于农牧民居住相对分散，而且农牧民的文化素质普遍偏低，导致藏区民众对参与村民会议积极性不高，相当多的农牧民认为村民会议与自己关系不大，是村干部的事。

研究表明，村级民主监督组织发展受到地理差异，经济发展程度、村庄领导

---

① 按照《村民委员会组织法》的规定，村民会议由 18 周岁以上的村民组成。召开村民会议，应当有本村 18 周岁以上村民的过半数参加，或者有本村三分之二以上的户的代表参加，所作决定应当经到会人员的过半数通过。村民会议由村民委员会召集。有十分之一以上的村民提议，应当召集村民会议。村民会议或村民代表会议的主要职权有：制定规章权、人事任免权、议事决策权、民主监督权。

组织形式等多种因素影响。从区域[①]差别来看，总体上，东部地区与中部地区村级民主监督组织发展差别不大，村级民主监督组织数量分别占总数的 1/3 多；而西部地区村级民主监督组织的数量还不到整体的 1/3。具体而言，西部地区村级无监督组织的村庄占到村庄总数的 53.8%，比例最高；青海藏区的比例则更高。青海藏区大部分村根本没有民主监督组织，而且农牧民对村委会的实际工作也不太留意。这说明由于区域发展水平层次性差异，影响到不同区域农村民主监督组织的发展程度。在青海藏区，从民主评议的绩效看，农牧民参与民主监督会议的到会率偏低。虽然农牧民比较重视村务、财务公开信息，但由于信息公开的途径偏少，造成信息的时效性与真实性不强，大大降低了民主监督力度与监督效果。

三、影响青海藏区政府职能的因素

从 20 世纪 90 年代中后期开始，为了缩小地区之间的差距，中央开始实施“西部大开发”战略。但到目前为止，区域之间差距扩大的趋势并未从根本上扭转。造成区域差距扩大的原因很多，既有客观原因，也有主观原因。但从主观原因分析，政府职能发挥不畅是其中十分重要的一个方面。那么造成政府职能发挥不畅的因素又是什么呢？笔者认为主要有以下几个方面：

（一）制度文化及其影响

制度是比较复杂而有系统的规范体系。谈及制度，必然应该重视地域性和时代性。青海藏区发展经济所需的制度必须要适应当地的具体情况，要兼顾历史、民族等藏区所独有的特征。只有深刻认识当地的全部历史和文化意义以后，以此为基础，才能制定出适合青海藏区经济发展的一套制度。

---

① 参照国家统计局的划分标准，根据调查实际覆盖面情况，将被调查地区分为东、中、西部三类。东部地区包括河北、辽宁、上海、江苏、浙江、福建、山东、广东和海南；中部地区包括山西、吉林、黑龙江、安徽、江西、河南、湖北、湖南；西部地区包括四川、重庆、贵州、云南、陕西、甘肃、青海、宁夏、新疆、广西、内蒙古。

1. 管理制度

青海藏区政府在管理体制方面的弊端体现在“政企不分、政资不分、政事不分”。政企不分表现在，一些企业仍然以政府计划为准则，企业的人、财、物各项权利均归政府所有，多数企业不能成为名副其实的经济实体和市场主体，缺乏应有的自主权，抑制了企业的积极性和创造性；政资不分，即处理经济关系问题时往往用处理行政问题的原则和方法，用自身所拥有的权力来组织和管理经济；政事不分，对于教育、卫生、文化等各项事业，政府大包大揽，事业单位完全成为政府的附属品，自身并无自主权，缺乏活力，效率低下。由于缺乏符合市场经济发展规律的管理体制，没有更新颖的制度来吸引人才和资金，青海藏区生产力发展较为缓慢。同时，青海藏区政府的权力高度集中，容易产生行业垄断和地方保护主义，构筑市场壁垒，减弱了经济调节、社会管理和政府的公共服务职能的作用；繁多的行政审批手续致使许多经济发展的机遇被错失。政府的过多管理，抑制了创业精神的发挥，阻碍了企业的进一步发展。

青海藏区政府具有为藏区微观主体服务的内在动力，但是这种动力不是来自纳税人和公共产品受益人直接的监督和评价，而是力图把这种投资环境和公共服务质量的提高转化为本地区经济的高速发展，进而转变为能显示政绩的经济指标。近几年，青海藏区政府为了通过追求本地经济的快速增长而获得更多的财政分成和更好的政绩，先后出台了一大批吸引投资的优惠政策。为了在竞争中获取优势，政府也巧妙地利用了区域自治法的一些政策措施，更多地采用制度外的财政竞争。由于青海藏区财力有限，政府只能更多地利用土地优惠政策来吸引投资，这些做法加剧了企业的“寻租”行为。

2. 教育制度

管理学家汤姆·彼得斯曾说过：“企业唯一的真正资源是人，管理就是充分开发人力资源以做好工作。”人才在经济社会发展中发挥着举足轻重的作用。青海藏区受经济因素和文化观念的影响，适龄儿童入学率低，辍学率高，大多数群众的文化水平相对较低。

青海藏区从 1950 年开始，由国家拨款先后在玉树、曲麻莱、玛沁、久治、共和、同德、海晏、刚察、同仁、尖扎等县创办了藏族小学；在都兰、河南等县先后创办了 4 所蒙古族小学。同时，在牧区设立了一些半固定半流动的帐房小学，民族教育开始起步。据统计，截至 2010 年，青海藏区共有小学 707 所，普通高中 161 所，在校生分别达到 232220 人、108430 人。有中等职业技术学校 9

所，在校生 4521 人。有专设民族本科院校 1 所，二级民族师范学院 1 所，高校民族预科部 3 个，普通高校少数民族在校生 12798 人，占在校生总数的 34.7%。[①] 从上述数据来看，近几年青海藏区的教育有所发展。但与东部经济发达地区相比，由于受经济体制、文化因素等影响，差距仍然很大。青海藏区教育基础设施落后、教育资金短缺，高中招生人数受限，使大批学生初中毕业后丧失了继续受教育的权力，使其直接进入社会。在一些偏远牧区，有些孩子甚至没有完成基本的九年义务教育。另外，青海藏区的高等教育发展也很缓慢，师资水平有限、网络技术等现代教学手段以及现代化的教学设备都十分稀缺，这不但影响了高等教育的规模，也影响了教学效果和学生的整体素质。高校招生规模小，毕业人数少，个别专业供不应求，而且部分学生毕业后到东部地区就业，这使得青海藏区的人才更加短缺。教育制度的完备程度、高等教育规模的大小最终将影响到地区经济发展，导致地区差距的形成。

3. 法律制度

新中国成立以前，在青海藏区，部落、寺院、地方保护神、部落习惯法等相互依托、互为条件，为维护藏区部落社会秩序和等级制度发挥了一定的作用。[②] 由于教育的不发达，文化素质偏低，普通民众缺乏用法律维护自身权益的习惯，造成了法律的缺失。同时，由于青海藏区生产力发展水平落后，为部落习惯法的继续存在提供了条件。青海藏区地广人稀，广大牧民逐水草而居的牧业经营方式，使得人与人之间的经济交往大大减少，发生冲突和诉讼的机会也相应地降低，在很长时间内，法律起不到应有的作用。在许多偏远的牧区，仍然会沿用部落习惯法来处理纠纷，广大民众缺乏法律意识，使得政府职能的发挥受到了一定的阻碍。

青海藏区在长时间内持续了“人治”的现象，这是市场经济不发达的必然结果。在市场经济条件下，不能单纯凭借行政手段和行政权力来维持社会生活秩序和经济秩序，必须依靠完备的法制、不断觉醒的自主意识和政治参与意识，以保护公民的自身权利。尤其在当前青海藏区的经济发展过程中，如果不完善法律法规，仅仅依靠优惠的经济政策，是很难改善发展环境的，这是因为政策的作用必定是有限的且容易发生变化，实际操作过程中政策的弹性空间比较大，非常容

---

① 青海省统计局．青海统计年鉴（2010）［M］．北京：中国统计出版社，2010.

② 贾晞儒．试论藏区部落习惯法的文化成因及其改革［A］//诸说求真——藏区部落习惯法专论［M］．西宁：青海人民出版社，2002.

易被曲解。由于青海藏区人口流动少，部落、家族意识强，在执法过程中往往从“地缘”、“血缘”、“人缘”关系出发，缺乏公平、平等观念，这些都影响了外来投资者的信心。

（二）思想观念及其影响

观念可以发挥重要的独立分析作用，这种作用可能会产生一种整体性传播效应和国际性的“政策模仿”——如同新兴工业化国家的情况一样，或产生一个滴入过程，即最初被学者们接受的观念继而会被作为其政策建议而向政治领导者提出。观念的接受常常受制于国家的制度结构，以前的政策经验，以及它们政治上的可行性。①

青海藏区的许多思想观念反映了人们对许多缺乏科学的认识。由于物质文化变迁缓慢、交通落后、信息闭塞，民族文化很少受到外来文化的冲击，因此对许多新思维、新观念接受不多。青海藏区的经济行为主体，在参与经济活动时，常常从自身一些保守的观念出发并以此为处事的准则，长此以往，相关从业主体都不得不遵守这些思想观念。任何一个市场经营者如果背离了观念，就成为市场局外人，经营目标不但不能成功，甚至不能生存。这里的思想观念是一切商业活动据以进行以及一切争执据以判决的基础。所以在青海藏区，一些长期存在的老观念是许多经济活动开展的潜在前提，并影响着各种经济活动。

1. 依赖国家扶持观念

青海藏区地处祖国西部边远地区。世纪之交，国家实行西部大开发战略，为此出台了许多优惠政策以扶持西部地区的经济发展，但青海藏区经济发展还是比较缓慢，依赖国家扶持思想严重是导致发展缓慢的重要原因之一。尽管国家大力支持青海藏区经济的发展，但自身的发展动力不足制约了经济的发展。

过去，青海藏区虽然相对落后，但藏区广大农牧民对政府并没有过高的要求和依赖性。他们或者安于现状，或者按自己的方式改变现状。因而，藏区民众拥有一定程度的自力更生能力，在艰苦的自然环境中，世代生息繁衍而不绝，并创造出了自己独特的民族文化。但在以政府为主导的经济发展模式下，为尽快实现现代化的发展诉求，广大农牧民在政府的干预和包办下，被统一带进了全新的、

① Margaret weir and theda skocpol. state structures and the possibility for “keynesian” responses to the great depression in Sweden , Britain, and the united states [M] . Cambridge: Cambridge University Press , 1985.

陌生的加速发展模式中，农牧民世代所固有的经验和本领没有了用武之地，而新的经验和本领又难以迅速掌握，于是他们逐渐养成了依赖政府的习惯和观念，缺失了自力更生的精神和独立自主的能力，政府的责任和负担反而更重了。

在青海藏区的经济发展过程中，在利用好国家对藏区实行的大量优惠政策的同时，一定要克服依赖国家扶持的思想，立足藏区实际，因地制宜制定经济发展政策，广泛发动群众，通过政策引导和体制创新，激发起农牧民群众内生的积极性和创造性。

2. 落后的商品经济观念

地处西北僻处的青海藏区，因受自然、社会等多方面的因素影响，商品经济极不发达，长期以来自给自足的自然经济占统治地位，人们的商品经济观念比较淡薄。由于封闭、受外界影响较少，青海藏区的民众有很浓重的地域意识，这种心理意识的具体特征表现为安分知足、重土恋家、怕冒风险等。这些思想观念与市场经济的发展特征相去甚远。青海藏区的大部分民众习惯于“日出而作，日落而息”的生活模式，农牧业经营方式效率较低。

青海藏区属于老、少、边、山、穷地区，经济欠发达，信息闭塞，交通不发达，人们的思想较为传统，很容易满足现状，因循守旧，缺乏积极性和创造性，这些都不利于市场经济的建设和发展。而且，在青海藏区，农牧业仍占主导地位。在这种条件下发展经济，不可能依赖国家大规模的投资，而只能依靠当地的农牧民，通过发展个体、私营小企业逐步积累资金。当地的小企业适应环境能力强，熟悉本地市场需求，能够充分发挥当地的资源优势。但是，由于青海藏区的民众思想观念相对保守，与外界的信息交流很少，所有的生产和经济活动几乎都是在封闭状态下进行的，人们容易满足当前的利益，不愿更多地接受新的经验和经营方式，形成了小富即安的思想。这些思想观念束缚了人们的手脚，制约了青海藏区经济的进一步发展。

3. “官本位”思想观念

青海藏区长期受小农意识的影响，“官本位”思想非常严重。人们在日常生活中习惯倾向于非制度化，这种思维定式首先严重影响了公务员的办事行为，很容易形成上下严重脱节，最终也影响了藏区广大农牧民的思想意识和行为。广大农牧民不管遇到任何事情，总是想法设法找关系、找门路，而不会依据制度或法律来解决问题。“官本位”思想在青海藏区经济发展中影响至深，围绕某一个“官”以及亲友等发展起来的各种关系构成了权力网络的组成部分。

由于历史、经济、社会、文化等方面的原因，青海藏区长期催生出上述种种与市场经济不适应的旧观念。这些已经成了阻碍青海藏区经济发展的普遍现象，不仅禁锢人们发展市场经济的思想，也束缚住了人们的手脚，同现代体制、市场经济、新型思维和行为格格不入，在这些观念意识的支配下，很容易产生不思进取、安于现状等现象。可见，在青海藏区经济发展问题研究中要重视意识形态问题。在经济活动中，人们之间的相互关系以及所共同持有的观念等为市场创造了一个可靠框架。从宏观角度来看，市场体系要求一套行之有效的技能、策略及制度，而这些都与当地民众的意识形态是密切相关的。

（三）青海农牧民对政府信任度的实证分析

政府职能的正常发挥，必须依赖于民众对政府的信任。青海藏区农牧民对政府的信任度如何，是笔者特别关心的问题。据此，笔者作了一次较大规模的抽样调查。

据笔者的调查发现，青海藏区农牧民对国家政策，特别是关系到自己切身利益的涉农政策关注不够。就农村养老保险政策来看，在1862份有效样本中，听说过这一政策的农牧民有1021户，占有效样本的54.8%，有841户没有听说过这一政策，其比重为45.2%（见表3-3）。从受教育程度来看：①邻近城镇附近的从事部分农业生产的藏族民众对政府政策的知晓程度最高，这些藏族民众文化程度也比较高，完全懂汉语，其中90.1%知晓政府的涉农政策；②以牧业为主，兼有少量的农业生产的藏族民众，略懂汉语，其中53.2%知晓政府有关农牧民的政策；③完全以牧业为主的藏族民众，基本不懂汉语，其中只有21.3%知晓政府政策。由此可知，受教育的程度越高，对政府政策的知晓度就越高。

表3-3　农牧民对政府政策的知晓情况

政策知晓情况	样本户数	占总样本比重（%）
听说过政策	1021	54.8
没听说过政策	841	45.2
合计	1862	100

从获取政策的渠道来看，在听说过政策的1021户农牧民中，通过电视了解政策信息的农牧民最多，有443户，占有效样本的43.4%；通过别人知晓政策的

有263户，占5.8%；通过小卖部知晓政策的有162户，占15.9%；通过政府知晓政策的有89户，占8.7%；通过村委会或牧委会得知政策的有32户，占3.0%；通过其他途径得知政策的有32户，占3.0%，如表3-4所示。

表3-4　农牧民对政府政策的知晓途径

政策知晓途径	样本户数	占有效样本的比重（%）
电视	443	43.4
别人	263	25.8
小卖部	162	15.9
政府	89	8.7
村委会（牧委会）	32	3.0
其他	32	3.0
合计	1021	100

通过对青海藏区农牧民对政府政策的信任度的调查发现，在2010份有效样本中，完全信任政府政策的有562户，占总样本数的27.9%；有时信任，有时不信任的有982户，占总样本数的48.9%；完全不信任的有378户，占18.8%；其余88户为有点不信任，占4.4%，如表3-5所示。

表3-5　青海藏区农牧民对政府政策的信任度

信任度	样本户数	占有效样本比重（%）
完全信任	562	27.9
有时信任，有时不信任	982	48.9
完全不信任	378	18.8
有点不信任	88	4.4
合计	2010	100

总之，造成青海藏区经济落后的原因，除了自身的自然地理和历史条件之外，政府失灵是导致青海藏区经济落后的重要原因之一。人们经常提到的青海藏区缺乏人才、科技落后、基础设施薄弱、信息不畅通等，都是表面的、相对容易解决的；其真正落后的深层原因则是固有的制度、文化、观念等特征影响了政府职能的发挥。观念和体制的落后才是我们所面临的主要困难。

当前，青海省的市场经济正处于起步阶段，青海藏区由于自然人文条件、资源禀赋等原因，经济发展明显落后于青海省其他地区。由于市场经济的趋利原则促使资金、劳动力、技术等生产要素向发达地区转移集聚，这种要素的集聚过程又必然会加大地区之间的不平衡。因此，单纯依赖市场来解决这种不平衡是不现实、不可能的。基于此，就必须依靠政府的力量，通过政府职能的有效发挥来实现青海藏区的协调发展。

第四章　国外政府经济职能的理论与实践及对青海藏区的启示

邓小平说："社会主义要赢得与资本主义相比较的优势，就必须大胆吸收和借鉴人类社会创造的一切文明成果，吸收和借鉴当代世界各国包括资本主义发达国家的一切反映现代社会化生产规律的先进经营方式、管理方法。"[①]因此，探讨青海藏区经济发展中政府职能问题，需要对国外政府经济职能的理论与实践作必要的考察和借鉴。

一、西方政府经济职能理论的演变

关于政府职能的研究，经济学界一直有很多不同的见解。政府职能问题是一个动态的问题，不同时间不同地区政府职能的内涵、范围、特点等都是不一样的。从亚当·斯密开始的西方经济学思潮及流派看，政府职能是沿着"守夜人政府"—"干预性政府"—"有限性政府"这样一条脉络发展的。亚当·斯密提出"看不见的手"（Invisible Hand），将政府职能限制在狭小的范围内，认为国家干预经济生活是十分危险的；庇古提出"援助之手"（Helping Hand），认为由于外部效应、垄断和收入分配不平等的存在，需要政府对经济进行干预，从微观上提出了政府干预的必然性；凯恩斯提出"看得见的手"（Visible Hand），提供了一整套有效需求理论，并主张通过国家对经济生活进行积极干预的办法，来消

① 邓小平文选（第3卷）[M]．北京：人民出版社，1993.

除大规模失业，摆脱经济萧条；詹姆斯·麦吉尔·布坎南提出“有限性政府”，指出了“政府失灵”的情况。

（一）亚当·斯密的经济自由主义思想及“守夜人”政府

1. 亚当·斯密的经济自由主义思想

1776年，奠定现代经济学基础的《国民财富的性质和原因的研究》出版，由此也确定了亚当·斯密作为现代经济学开山鼻祖的地位。亚当·斯密把资本主义上升时期国家的职能归结为“守夜人”，自由放任是亚当·斯密整个经济理论的中心思想，也是他经济政策的基本原则。亚当·斯密在《国民财富的性质和原因的研究》中说：“一切特惠或限制的制度，一经完全废除，最明白、最单纯的自然自由制度就会建立起来。”① 他认为，自然秩序具有无比的优越性，而与此相比，人类制度则存在着不可避免的缺陷。这种自然秩序在经济体系上的表现便是市场。市场存在一种自然平衡和调节的机制，使追求个人私利的动机与冲突的利益达到自然调适，在满足个人的同时实现公共利益。不需要任何人为地干涉与设计，某只“无形的手”将实现社会的互利和和谐共处。

第一，斯密将市场看作“看不见的手”。在斯密看来，人的活动不是杂乱无章的，而是被纳入一个井然有序的经济结构和制度之中。在分工、交换和“看不见的手”这些市场运行机制的作用下，实现了经济动机与经济利益、经济行为与经济目标的协调统一。斯密认为，每个人都在力图运用自身的资本，以努力促使产品实现最大的价值。通常情况下，他并非企图增进社会福利，也不清楚自己所增进的公共福利有多少，他宁愿支持本国劳动而不支持外国劳动，仅仅是为了自身的安全，他所追求的仅仅是个人的享乐，是自利，但在这样做时，有一只“看不见的手”引导他去促进另一个目标，而这个目标并非是他自己追求的东西。由于追求自利而同时也促进了社会整体利益，其效果是要比他真正想促进社会利益时所得到的效果更大。斯密用“看不见的手”指出，经济人为了追求自身利益使市场机制存在，这种市场机制的运行在满足个人利益的同时，也促进了公共利益，从而实现了个人利益与公共利益的有机协调。

第二，主张“自由放任”的经济政策。斯密认为，劳动、资本等生产要素，根据供求关系的价格信号，在“看不见的手”的指引下，对整个系统都发生作

① ［英］亚当·斯密．国民财富的性质和原因的研究（下卷）［M］．北京：商务印书馆，1965.

用，即各种生产要素会在各部门内合理转移，都流向利润最大处。他把资本主义经济描绘成一部可以自行调节的“万能”机器，认为自由竞争的市场机制完全能够保证全社会的经济资源得以充分利用和合理配置，保证社会的每个成员都得到最大的满足。斯密认为，国家干预经济生活是特别危险的，如果人为地干预经济，比如特意去扶持一些产业，使这些产业的利润大于其他产业，那么势必会阻碍社会资源的合理分配，最终影响各类生产要素的最优组合，为此使整个社会的利益也受到侵害。同时，斯密主张，取消一切优惠政策，鼓励各经济部门自由发展。

第三，“经济人”假设。斯密把自由、自然秩序、个人自利和正义等这些具有不同功能和价值的观念作为其经济伦理思想的基础或前提，通过行为主体——“经济人”的活动来实现。“经济人”的活动反映和体现了这些基础性的伦理规定。在他看来，个人的一切经济行为不仅通过制度的中介作用使得这些行为具有一定的道德性质，而且由于经济生活的内在要求，个人本着自利的目的也应当形成相应的谨慎、正义的德行。古典经济学家从假定“经济人”出发来说明实行市场机制的原因。由于经济人要追求个人利益，这就决定了他在所有的经济活动中，都必须得到好处，经济人不会去做没有利益的经济活动。经济人的利益动机必然导致经济自由，即自由竞争、自由投资、自由贸易以及生产要素的自由流动等。因为，如果有某些制度妨碍经济自由，就必然会妨碍个人追求利益最大化。斯密指出，如果一个人，只要不违反法律，那么他就完全可以通过竞争等手段获取自身利益的最大化。古典经济学家从假设“经济人”出发，主张扫除妨碍个人自由活动的一切障碍，大力反对国家干预主义。

2. 亚当·斯密的政府职能理论

作为经济自由主义的倡导者，斯密期望在自律的个人自由的基础上建立起一种自发调节的社会经济秩序，也就是他用法语写下的“Laisser（Laissez）Faire，Laissez Passer”，简单地说就是 Laissez－aller（自由、放任）。斯密认为，为了使市场得以正常运转，政府必须在以下三大领域中发挥职能：

一是政府负有维护国家安全的责任；斯密认为，由于国防的复杂性，个人不可能实现自我保护，一些问题仅仅依靠个人是不能够解决的，就需要由政府统一提供，即设立常备军以保卫国家安全。由于军队的开支数额巨大，个人无法承担，因此，需要国家来提供这种职能。

二是设立严格公正的司法行政机构，以保护社会中的每一个人不受其他人的不公正行为或压迫，斯密认为，每一个社会，总会有贫富差距，而且富人总是占少数，而穷人占多数，多数穷人有可能会侵犯富人财产，为了保护私有财产，必须得设立民事政府。斯密指出，为了避免执法不公，行政权和司法权必须要分开，尽可能使司法权独立于行政权。

三是建设并维护某些公共事业及其他公共设施。对于一些无利可图的公共工程和公共事业，私人不愿意投资经营，必须由政府投资建设。斯密指出“按照自然自由的制度，君主只有三个应尽的义务：第一，保护社会，使不受其他独立社会的侵犯；第二，要设立严正的司法机关；第三，建设并维持某些公共事业及某些公共设施，这种事业与设施，在由大社会经营时，其利润常能补偿所费而有余，但若由个人或少数人经营，就绝不能补偿所费。”① 斯密把国家的主要职能限定在这三个方面，主要是由于以下原因：一方面，因为政府的费用是一种非生产性费用，过多的开支是一种浪费，因此，他主张把政府的开支降到最低限度；另一方面，也是最主要的原因，如果政府承担过多的经济职能，会妨碍市场的主导作用。

在征收赋税方面，斯密指出，偿还国债以及政府经济开支都需要筹集资金，其来源不外是征收赋税，其中最适宜征税的对象是地租。斯密提出了有名的四项赋税原则：公平原则，即按每个人的资力（收入）的比例纳税，由此他赞成累进税；确定原则（或固定原则），即不要随便改变税则；方便原则，即缴纳赋税的日期及方法，必须给予纳税人以最大的方便；经济原则，即以最低费用征收赋税。

斯密还对当时两种不同的政治经济学体系，即商业体系（重商主义）和农业体系（重农体系）作了详细的介绍和评论，指出了这两种学说对国家财富增长与社会进步的影响。斯密明确反对保护主义，主张自由贸易。

（二）萨伊定律与萨伊的政府职能理论

萨伊是斯密以后经济自由主义思想的代表人物之一，“萨伊定律”是所谓新古典经济学的重要思想源泉。其具体内容为：在经济活动中，市场的需求是没有问题的，关键在于人们能够提供多少产品和服务，即社会总供给总是恰好等于总需求，不会发生总需求不足或生产过剩的经济危机。萨伊认为，“在以产品换钱、

---

① ［英］亚当·斯密．国民财富的性质和原因的研究（下卷）［M］．北京：商务印书馆，1965.

钱换产品的两道交换过程中，货币只是一瞬间起作用。当交易最后结束后，我们发现交易总是以一种货物交换另一种货物。既然商品是用商品来购买的，那么，一种货物一经产出，从那时起就给价值与它相等的其他产品开辟了销路”。[①]所以，供给能够自行创造需求。萨伊定律认为，不需要国家的干预，市场机制自身就能实现商品的供求平衡。

萨伊是从公共消费的角度来讨论政府职能。公共消费过程就是政府履行职能的过程，为满足社会需求就必须有公共消费。他指出：“除那些从私人消费得到满足的个人需要与家庭需要外，还有由于个人集合组成社会这种情况而产生的新的种类的需要，就是说，社会作为整体的需要，满足这种需要是公共消费的目的。由于国家或代表国家的政府的消费，带来价值的损失，因而带来财富的损失，所以，只有在牺牲的价值能给国家产生相当利益的条件下，消费才是适当的消费。因此，政府应当善于随时权衡花费与所预期的社会利益。我毫不犹豫地说，政府的得不偿失的举动，都是愚蠢行为或犯罪行为。”[②]萨伊的政府公共消费的具体内容包括：①教育费用，为了防止工人的智力退化，通过公共教育，培养他们感兴趣的与工作有关的知识；②国防费用，战争费用开支很大，国家要进行战争，需征得国民的同意；③公共慈善机构费用，国家有义务对慈善机构拨款，一些机关依靠自身能够运转的，就要尽量减少政府的负担。

（三）约翰·穆勒的政府职能理论

约翰·穆勒是从增进便利的角度出发讨论政府职能的。他指出，在许多情况下，政府承担责任，行使职能，之所以受到普遍欢迎，并不是由于别的什么原因，而只是这样一个简单的原因，即“它这样做有助于增进普遍的便利”。[③]穆勒的政府职能理论的主要内容如下：

（1）政府最基本的职能是保护个人的人身与财产安全。穆勒认为，如果人身和财产得不到保障，就意味着人们所作出的牺牲或努力与目的的实现之间没有确定的关系，意味着生产者不一定能享用自己生产的产品，播种人不一定就有所收获，人们节俭以后也不一定就能够享受。这不仅意味着劳动和节俭不是致富之路，而且意味着暴力才是致富之路。鉴于此，穆勒认为，必须有一套完整的法律

①② 萨伊．政治经济学概论［M］．北京：商务印书馆，1982.

③ 约翰·穆勒．政治经济学原理及其在社会哲学上的若干应用（下）［M］．北京：商务印书馆，1991.

体系来保护人身和财产安全。政府在执行职能时，要努力完善法律制度和司法制度。如果没有健全的法律和司法制度，就会影响政府职能的正常发挥。

（2）政府执行其职能必须要有一定的收入，这主要依靠税收和国债来保障。穆勒也指出，过多的课税必定会产生严重的社会问题。

（3）穆勒认为政府应该提供教育，政府要采取一定的措施保证人们用较低的费用接受初等教育。政府要坚持做的一件事便是不应该垄断教育，无论是初等教育还是高等教育都不应加以垄断。

（4）政府还应该保护儿童、青少年和残疾人。这是因为当个人对自身利益不能作出很好的判断时需要政府介入，而儿童、青少年和残疾人都不能很好地判断自身利益。因此，政府要禁止对儿童、青少年实行家庭暴力，禁止企业招聘未成年人等。

（5）政府还应该介入永久性契约的签订。许多人在签订永久性契约时，其实并不清楚契约签订后所承担的义务以及所应有的权利，这就需要政府介入。当契约签订后，如果当事人要提出解除契约，政府应依据法律作出决定。

（6）对公用事业，如自来水、公路、铁路、医院等，如果由私人运营，将会产生垄断价格，从而损害广大消费者的利益，因此也需要政府介入，采用委托经营的方法进行经营。对外贸易和对外投资也需政府介入，这些超出自身利益设计国家利益的经济活动都需要政府具体指导。

（四）凯恩斯政府干预经济理论及干预性政府

20世纪初，第一次世界大战和俄国十月革命爆发，资本主义社会的政治和经济矛盾空前激化。1929～1933年，世界各资本主义国家爆发了一场规模空前的大危机，失业急剧增加。例如，1933年英国的失业率为22.5%，美国的失业率为25%。面对这次史无前例的经济大萧条，传统的资产阶级经济学理论显得无能为力，并彻底打破了“市场万能”的神话。凯恩斯的政府干预理论应运而生。凯恩斯经济学的核心思想，就是论证国家干预经济的合理性。当然，凯恩斯虽然强调国家干预经济，但并没有完全否定市场，而是通过国家的干预来完善市场机制，从而使其更好地运转。

凯恩斯原来也信奉新古典经济学的理论和主张，但当经济危机席卷资本主义世界时，凯恩斯不得不重新寻求新的理论和方法。凯恩斯认为，“为了确保充分就业，不得不扩大传统的政府职能……不能让经济力量自由运用，而需要政府加

以约束或指导。”① 针对市场经济条件下出现的失业问题，凯恩斯指出，经济自由运行下的有效需求不足导致就业失衡，要解决经济危机和失业问题，较好的方法便是国家干预和调节经济生活。而这种干预和调节是通过政府“改变租税体系、限定利率，以及其他方法”，而不是“把社会大部分经济生活包罗在政府权限以内”。②此外，国家还要“多负起直接投资于公共物品之责”的宏观财政政策。

凯恩斯否定新古典经济学家信奉的“萨伊定律”和“局部均衡”理论，认为资本主义社会周期性的经济危机是由于制度的某些缺陷造成的，说明市场机制本身也存在一些局限性。凯恩斯的基本观点是：资本主义社会的就业量决定于有效需求，有效需求由消费需求和投资需求两部分组成；而有效需求最终是由“消费倾向”、“对资本资产未来收益的预期”和“流动偏好”三个“基本心理因素”与货币数量决定的。他分析了在这三种基本心理因素的作用下，有效需求不足将导致社会上出现较大规模失业和生产过剩，而市场自动调节机制无法发挥有效作用来纠正这种失调。凯恩斯认为，在市场经济的现实条件下，国民收入主要受到需求水平的制约，即国民收入的水平是由需求水平来决定的。通常情况下，市场的自动调节机制无法使经济达到充分就业的均衡状态。为此，他提出政府干预的必要性，只有政府才能通过各种手段来补足有效需求的缺口，做到供给和需求之间的均衡，实现充分就业。

凯恩斯断定，在通常情况下，资本主义市场机制不可能自行调节经济，将其处于均衡状态；如果仅仅靠市场机制来调节经济，那么只能处于短期的、低就业率的均衡。针对资本主义社会经济运行过程中经常出现的有效需求不足现象，凯恩斯主张放弃传统的自由放任政策，提倡经济中的政府干预，即通过政府实施所谓积极的财政政策，以及增加货币数量、降低利率的货币政策，来增加投资和刺激消费，提高总需求，使经济趋向繁荣。

凯恩斯主义经济学家从市场失灵的角度来分析国家干预经济的合理性。

首先，市场机制不能自动实现总量平衡。按照凯恩斯理论，资本主义经济通常是在远未达到充分就业状态的情况下运行的，同需求相比，经济的供给能力无限大，这就否定了萨伊定律所提出的“供给会自行创造需求”的理论，明确了需求管理在宏观经济管理中的核心地位。

---

①② 凯恩斯．就业、利息和货币通论［M］．徐毓玥译．北京：商务印书馆，1983.

其次，垄断导致资源配置的低效率。某一行业形成垄断，那么其垄断者为了获得高额垄断利润，定价远远高于市场价格。有时候，垄断者通过控制产品数量来获取高额利润，消费者得不到足够多产品，只能以高价获取产品，所以，垄断利润的获取是以牺牲消费者利益为前提的，这就导致资源配置的低效率。

再次，市场机制很难解决外部效应问题。外部效应，是指经济当事人的行为对其他的经济当事人所形成的不在该决策者考虑范围内的影响。一个理性的经济当事人通常会依照成本和收益进行决策，但其决策的收益和成本未必是他给他人带来的所有的收益和成本，如果二者发生了分离，那么，就存在外部效应。通常，外部正效应使私人活动的水平低于社会所要求的最优水平，外部负效应使私人活动的水平高于社会所要求的最优水平。对待外部效应问题，仅仅依靠市场机制，将不利于增加外部正效应活动，而减少外部负效应活动，从而使资源配置不可能达到最优。

最后，市场机制不能解决公共物品的生产。由于公共物品具有非竞争性和非排他性的特点，非竞争性导致公共物品不能通过市场竞争来提供，非排他性为一些消费者提供了“搭便车”现象，公共物品也导致市场失灵。此外，对社会上的收入分配不均问题，市场同样无能为力。总之，面对种种市场失灵现象，需要国家对经济进行干预，以矫正市场失灵。

市场存在失灵是凯恩斯主义经济学建立干预性政府的理论基础。凯恩斯认为，为了实现经济增长、物价稳定、充分就业和国际收支平衡等目标，需要政府发挥其干预职能。凯恩斯的理论和主张被后人看作是对新古典经济学的一次“革命”，即西方经济学说史上的“凯恩斯革命”。此后，各国政府纷纷采用政府干预政策来指导经济，凯恩斯的理论与政策主张在西方一度占据了主流地位。“凯恩斯不仅在改造资产阶级庸俗政治经济学方面，而且在使其转向国家垄断资本主义经济政策方面起了重要的作用。”①

（五）新自由主义经济学的“政府失灵”及政府职能理论

新自由主义的核心思想就是要限制国家干预经济。与凯恩斯主义提出“市场失灵”相对应，新自由主义经济学家提出了“政府失灵”。所谓“政府失灵”是指政府在干预经济的过程中所采取的立法、行政、经济等手段，在实施过程中往

① A. T. 米列伊科夫斯基等．现代资产阶级政治经济学批判［M］．北京：商务印书馆，1985.

往会出现与预期目标相违背的结果和问题，从而导致政府干预经济的低效率和社会福利损失。[①] 关于政府失灵的原因，新自由主义主要有以下观点：

一是“政府经济人”假设。只要是经济人，就会追求个人利益的最大化，政府也不例外。因此，政府行为往往会偏离社会整体利益。这是“政府失灵”的根本原因。

二是决策本身的缺陷。政府无论作什么决策，都不可能完全掌握全部信息，信息不完全导致政府不可能做出有效的决策。另外，决策的程序本身也有缺陷，所有的决策不可能采用全社会所有人的意见，而只能兼顾部分人的利益，这也导致任何政策都存在缺陷。

三是外部不经济导致政府政策不能够产生预期的效果。许多政府的决策其本意是好的，但由于外部不经济，一些人利用政府执行的低效率，优先享用政府政策，而真正需要政策救助的人并未享用政策带来的实惠。

由于新自由主义经济学包含了许多不同的学派，各学派的主张不完全相同，因此，本书择其几个主要代表人物的思想加以介绍。

1. 米尔顿·弗里德曼（Milton Friedman）和货币主义学派

米尔顿·弗里德曼是现代货币主义学派的领袖和奠基者。现代货币主义学派的兴起与第二次世界大战后资本主义各国的经济形势变化有着密切的关系。第二次世界大战后，凯恩斯主义的扩张性财政政策和货币政策对刺激资本主义经济发展、缓和资本主义经济危机起了很大的作用，但同时也引起了严重的通货膨胀。20 世纪 70 年代，美国经济出现了停滞和通货膨胀并发的“停滞膨胀”局面。此时，现代货币主义学派打着“现代货币数量论”的旗号，鼓吹货币问题的重要性，主张以控制货币数量的金融政策来消除通货膨胀，保证经济的正常发展。他们自称是对凯恩斯革命的反革命。

现代货币学派的思想渊源是传统的货币数量论，而另一个理论渊源是 20 世纪 30 年代前后形成的早期芝加哥学派的经济理论。他们主张经济自由主义，鼓吹市场机制的调节作用，认为市场机制的自发调节可以使资本主义经济趋向均衡。在弗里德曼的理论中，人们关心和追求自己的私利是最基本的出发点。但是，对于私利，弗里德曼也有独到的见解，“私利不是目光短浅的自私自利，只要是参与者所关心的、所珍视的、所追求的，就都是私利。科学家设法开拓新的

---

① 王东京．中国经济改革 30 年政府转型卷［M］．北京：重庆大学出版社，2008.

研究领域，传教士设法把非教徒变成教徒，慈善家设法救济穷人，都是在根据自己的看法，按照他们认定的价值追求自己的利益”。[①] 在市场经济中，价格是有效的协调者和组织者。弗里德曼认为，如果没有外来的干预（指政府干预），由于价格的有效协调，市场资源就会得到最有效的配置。弗里德曼认为不存在纯粹的市场经济。理想的市场经济活动“是以下列假设条件为前提：通过政府给我们提供了法律和制度的维护，以便防止一人受到另一人的强制行为，提供了自愿参与的合同的强制执行，提供了财产权的意义的定义，提供了对这种权利解释和强制执行的办法，以及提供了货币机构”。[②] 弗里德曼强调，他所提倡的经济自由主义，既不是完全自由的市场经济，也不是像凯恩斯所主张的政府干预。他认为，市场的自发力量可以使资本主义经济自然趋向均衡；第二次世界大战后资本主义经济的动荡，是因为政府采取了干预市场经济的错误的财政、金融政策所造成的。20 世纪 70 年代中期以后，现代货币主义学派在英美等国声誉鹊起，并成为西方政府制定经济政策尤其是货币政策的重要理论依据。

2. 罗伯特·E. 卢卡斯和理性预期学派

理性预期学派（The Rational Expectation School）是新自由主义经济学的一个重要分支，以罗伯特·E. 卢卡斯（Robert E. Lucas）为主要代表。理性预期学派认为，经济保持稳定的前提是不反复遭受政府的冲击。他们认为，凯恩斯主义所主张的干预经济生活的财政政策和货币政策能够生效的前提是政府可以出其不意地实行某种政策以影响经济生活。但是，在理性预期条件下，政府的经济政策以及实施结果被提前预计到，各行为主体会据此做出相应的预防措施和对策，所以政府的经济政策从根本上是无效的。

理性预期学派坚决反对凯恩斯主义干预经济的主张，他们认为，凯恩斯主义经济政策在提高产量、就业或其他经济总量方面不会取得成效。如果根据凯恩斯主义方法来制定经济政策，很可能使人们的处境普遍变得更糟。他们认为，过多的政府干预只能引起经济混乱。为了保持经济繁荣，就必须充分发挥市场的调节作用，尽量减少政府对经济生活的干预。政府的作用只是为私人经济活动提供一个稳定的、可以使人们充分了解经济的良好环境。理性预期学派认为政府干预越少，经济效率也就越高。

---

① M. 弗里德曼，R. 弗里德曼．自由选择［M］．北京：商务印书馆，1982.

② M. 弗里德曼．弗里德曼文萃［M］．北京：北京经济学院出版社，1991.

3. 詹姆斯·麦吉尔·布坎南和公共选择学派

公共选择学派的主要代表人物是詹姆斯·麦吉尔·布坎南。他认为，政府干预经济的初衷并不是市场失败，因为政府和市场一样都存在缺陷和局限性。布坎南有关政府职能的理论分为三个层次："第一，执行现行法律的一切行动，这些行动包括君主的合法行动；第二，包括现行法律范围内的集体行动的那些活动，这一套活动包括提供资金，供给和提供'公众所需的商品和服务'；第三，包括改变法律本身和现行成套法律规定的那些活动。"①

公共选择学派认为，政府是由人组成的，政府的行为规则也是由人来制定和决策的，而这些人也具有"经济人"的特征，"经济人"在经济活动中面临不同的选择机会时，总是选择能给自己带来最大利益的那种机会。政府只是多个"经济人"的代表，在具体的经济政策的制定过程中，政府也会选择代表这些"经济人"共同利益的政策，因此，那种由于市场有缺陷而选择政府干预的做法是不合理的，应当把调查市场缺陷的方法同样应用于政府和公共经济的各个部门。只有当事实证明了市场解决办法确实要付出比政府干预更高的代价时，才应当考虑政府干预。公共选择学派认为，政府干预的代价是官僚主义的弊病和危害。公共选择学派在政府行为分析中引进了"经济人"假设，他们从两个方面分析了出现官僚主义行为的原因：一方面，政府为了得到最大利益，他们在政策的制定实施中会自然而然地选择官僚主义；另一方面，由于政府工作具有一定的垄断性，所以由其制定的制度也存在明显的垄断特征。布坎南认为，政府的作用是弥补市场经济的不足，但现实中，好多政府干预并没有起到真正意义上的作用，反而滋生了许多官僚主义行为。社会中官吏越多，"官僚敛取物"也就可能增加得越多。同时，用政府干预来解决经济问题的设想，只有在其他一切手段都证明无效以后，才是可以考虑的。为此，应该减少政府干预，尽可能发挥市场的功能。公共选择学派还认为，要研究政府的决策行为，就必须首先了解政府的行为动机，为此，他们提出了三种不同性质的政府模式：第一种政府是一个慈善的专制者，即完全以社会的利益为自己的行为目标，追求社会利益的最大化；第二种政府是一个拥有自己独立利益的"巨人"，其追求的政策目标是自身利益的最大化；第三种是西方民主性的政府模式，假定全体公民以投票的方式参与政府决策，政府

① ［美］詹姆斯·M. 布坎南．自由、市场和国家——80年代的政治经济学［M］．平新乔，莫扶民译．上海：上海三联书店，1989.

的行为目标受到公民选票或民选代表的约束，该模式强调公共选择对政府行为目标和行为方式的决定性影响。公共选择学派认为现代西方国家的政府实际上处于民主与巨人模式之间，但更接近前者。这一学派对政府模式的分析结果表明，现代西方税制和政府开支结构大多是公共选择的结果。因此，对选举程序的研究成为公共选择理论的重要组成部分。

公共选择学派认为，凯恩斯主义的经济政策使西方资本主义经济陷入政府财政赤字和严重的通货膨胀，按照凯恩斯的观点，政府作为一个慈善家，完全能够根据经济发展的具体特征制定出灵活的政策。但事实完全相反，资本主义经济运行中出现了诸多矛盾，而且凯恩斯的经济政策理论在这些问题前面无能为力。他们提出，资本主义社会所暴露出来的诸多问题，反映了资本主义政治结构的彻底失败，而非是市场经济的破产。因此，要对政治制度进行改革，必须首先要遏制不断膨胀的政府势力。

总之，在限制国家干预经济思想的指导下，新自由主义经济学家提出了一系列与凯恩斯主义经济学家形成鲜明对比的政策主张。主要包括：

一是尽量削减福利开支。新自由主义经济学家以预算收支平衡作为政府财政政策的重要目标，反对凯恩斯主义经济学家的财政政策，主张削减财政支出，以减少政府的财政赤字，达到财政收支平衡。削减财政支出的重点是削减福利支出。他们认为，社会福利支出将使政府机构臃肿、贪污浪费现象严重，并削弱了劳动者的积极性和创造性，因此，新自由主义经济学家主张大力削减福利支出，从而减轻政府负担，增加经济竞争能力。

二是反对国家直接干预经济，主张国有企业私有化。他们从经济人假设出发，为了使制度与经济人假设相符合，要求实现私有产权制度。为了达到产权更清晰明确，主张将国有企业出售给私人投资者，并将资源尽量转向私营部门。

三是主张以减税刺激经济增长。新自由主义经济学家认为，影响经济活动的重要因素是税收，但凡经济活动都以获取利润为目的，而税收的高低与利润息息相关。高边际税率降低了人们工作的积极性，进而阻碍投资，降低资本存量。对于政府而言，高税收并非能增加其收入。因为，税收越高人们就越想尽量逃税漏税，高的税收反而使政府收入下降；相反，税收降低会减少逃税漏税，政府的收入会增加。因此，他们主张以减税政策来代替凯恩斯主义经济学家的相关理论，通过减税来刺激经济增长。

四是提出了自然失业率理论。新自由主义经济学家提出了与凯恩斯主义的充

分就业理论完全相对的自然失业率理论。所谓“自然失业率”实际上就是传统经济学所说的社会经济生活中的摩擦性失业和自愿失业。由于自然失业率的存在，使得任何旨在使失业率低于自然失业率的政策措施很难有效，如果采用通过扩大货币供应量来降低自然失业率的方法，那么只能引起物价同比例的上涨。新自由主义经济学家认为，由于自然失业率的存在，凯恩斯主义以充分就业为目标的扩张性财政政策和货币政策不仅无法消除失业，反而会因增加货币供应量引起通货膨胀。

当凯恩斯主义经济学在处理“滞胀”问题而陷入困境之时，新自由主义思想在学术界影响逐渐扩大，西方各国政府一度纷纷在执政中实践新自由主义思想的观点。一方面，不断减少国家干预，以削减税收、削减福利支出等措施来刺激经济增长；另一方面，大力推进私有化进程，逐步废除各种限制私营企业发展的规章制度。新自由主义思想在各国的实践取得了一定的效果，但由于近几年西方金融危机、欧债危机的爆发，人们对新自由主义的思想与政策出现了普遍的批评，

总之，西方政府经济职能的相关理论以及不断的演变，为我国市场经济发展中如何正确处理市场与政府之间的关系提供了有益的借鉴，也为本书分析青海藏区政府应该扮演什么样的角色拓宽了思维空间。

二、政府职能的若干国际经验

从历史和现实来看，政府职能转变是一个不断发展的动态过程。对于政府职能的需求，不同国家，同一国家在社会发展的不同时期是不一样的。政府本着为社会发展需要而存在的理念，需要不断地转变职能去适应不同的社会需求。在特定的社会发展阶段，与社会需求相适应的政府职能，到了另一个发展阶段就可能变得与社会需求不相适应了，此时，就应该要求政府改变这一职能。

（一）20世纪美国政府职能的动态变化

政府职能与社会环境密切相关。一个国家或地区在不同时期因所处的发展环境不同，其政府职能的定位也会发生相应的变化。

从美国政府职能演变的历史来看，由于不同时代所处的经济与社会环境不同，政府机构的设置以及相应的政府职能也是动态变化的。就刚刚过去的 20 世纪来看，美国联邦政府的改革大致可分为以好政府为目标的效率阶段、以控制开支为目标的预算阶段、以效率与效益为目标的管理阶段、以精简政府为目标的私有化阶段、以振兴政府为目标的重塑政府阶段五个阶段。①

第一阶段，效率阶段。政府改革首要关注的便是效率问题。当时的改革者认为，有效率的政府就是更加廉洁的政府。改革者认为，“只要避免裙带关系、任人唯亲和贪污贿赂等弊病，在专家指导下的政府必能为公共利益服务”。②

第二阶段，预算阶段。当时人们普遍认为最大的腐败是政府的开支浪费。人们相信，只要将行政原则加以利用，建立起精心设计的组织结构和程序，腐败问题就可以逐渐消除，因而加大了政府对经济的干预程度。

第三阶段，管理阶段。在这个过程中，人们集中关注效率和效益两个问题。解决效益的问题是革除政府中的欺诈、权力滥用和浪费等行为，效益的提高则通过行政管理的效率来解决。

第四阶段，私有化阶段。这一时期的改革是在 1980 年里根当选总统以后。里根实行货币政策，进行税制改革，使面临经济过热和通货膨胀压力的经济开始复兴。老布什政府继续了新保守主义政策，放松了政府对经济的干预。

第五阶段，重塑政府阶段。1993 年，比尔·克林顿上台，克林顿政府更加关注经济增长，重点扶持经济和科技，强调教育的重要性。对于重塑政府运动，克林顿指出，其目标在于使整个联邦政府提高效率，降低开支，增强主动性和责任心，改变国家官僚机构中骄傲自满、不思进取的现象。克林顿政府力图重新设计、塑造、振兴整个美国政府。

应该说，20 世纪是美国政府职能改革最为活跃的时期。而关于政府职能的改革争论不断，这种争论推动了政府职能改革的不断前进。改革的五个阶段都有着明显的时代特征，不同阶段政府职能改革的目标和内容都不同。政府在改革过程中也不断调整改革的目标和策略，以实现适应时代的改革结果。社会发展与政府职能改革之间不断互相推动，社会的发展推动了政府的职能改革，经过改革的政府又进一步促进了社会的发展。

---

① 卢淳杰. 20 世纪美国的政府改革历程与启示［J］. 学术研究. 2004（5）.

② Frank Anechiarco and James D. Jacobs. Visions of Corruption Control and the Evolution of American Public Ad— ministration［J］. Public Administration Review, 1994, 54（10）: 466 – 468.

总之，西方发达资本主义国家的政府职能从来都不是固定不变的，而是随着市场体制的成熟程度和市场机制的发展完善程度而不断变化。

（二）东亚国家（地区）政府经济职能的区域特色

东亚国家（地区）有着与西方发达资本主义国家不同的历史传统和文化背景。第二次世界大战以后，东亚国家（地区）将政府职能与市场经济有力地结合起来，发展形成了一种完全不同于西方现代化的范式，即独树一帜的东亚模式。东亚国家（地区）经济的迅速增长一度引起了全世界的高度关注，称之为"东亚奇迹"或"东亚之谜"。

东亚模式在政治上有着明显的集权主义和精英治国特征，在文化上深受中国传统儒家文化的影响。政治与文化等方面的特殊性决定了东亚模式有别于西方发达资本主义国家。总之，东亚国家政府干预职能是在市场经济这一基本框架内发挥的，它们在发展过程中大都遵循着一个共同定律，即在国家经济起飞初期，政府干预经济的范围和力度较大；随着市场经济发展到更高阶段，则越来越重视和强化市场机制的作用，政府干预的程度则逐渐弱化。①

东亚国家（地区）的现代化是一种后发现代化，它也被称为政府主导型的现代化。所谓政府主导型，是指政府在市场经济的发展中起到主导型的作用。用一些学者的话来说，东亚模式的精髓就在于：市场竞争是充分的，政府的势力是强大的，政府的力量和市场的力量在东亚模式中取得了某种意义上的均衡。②第二次世界大战后，东亚经济迅速发展，倘若没有强政府的大力扶持，东亚国家（地区）不可能迅速摆脱落后的发展状态，更不可能创造世界瞩目的"东亚奇迹"。东亚国家（地区）的政府主导型经济，即建立高度集权的政府对经济、政治、社会生活进行控制和指导，尤其是通过政府对经济生活的干预达到现代化目标，是第二次世界大战前的日本和第二次世界大战后的东亚在一代人的时间内就完成从落后的农业国变成新工业经济体的重要原因。

在东亚，日本、韩国均实行指导性计划，以产业政策为中心，对经济活动进行不同程度的管理，这种管理对东亚的迅速发展起到了重要作用。③ 第二次世界大战以后，东亚的政治、经济、文化等发展现状为政府干预经济奠定了基础。只

①② 杜创国．政府职能转变论纲［M］．北京：中央编译出版社，2008.

③ 金泓汎．21 世纪亚太经济发展的新趋势与新"亚洲模式"［J］．当代亚太，2000（8）．

有通过政府的积极干预，进一步建立和完善市场体系，才能使市场机制充分发挥作用。一方面，东亚国家（地区）政府积极改善投资环境，吸引外国投资；另一方面，促进有关改善资本、劳动、技术、信息等市场的制度和设施的发展，着力培养市场体系。在市场机制尚为完善、不能有效发挥作用时，政府替代市场选择和确定适合地区优先发展的产业政策，并具体指导要素投入以及资源配置情况，然后通过颁布政策措施来支持和保证经济有效运行。总之，东亚国家（地区）由于市场体系发育不良、资金匮乏等原因，仅仅依靠私人经济的力量和市场的作用是难以解决的，更不能在短期内实现大的突破。另外，国际上强大的垄断势力对发展中国家从来没有放弃过支配和控制，民族经济的发展不断受到国外的威胁，私人经济对此也无能为力。“为了迅速摆脱落后制约局面，同时有效地抵御外部垄断资本的渗透，政府干预对发展中国家来说，几乎是唯一的选择。”①

东亚国家（地区）的传统和殖民历史特点，决定了在经济发展中政府应该发挥重要的作用，通过政府更多地干预经济的手段促使经济的发展。正如都留重人所言，“政府的家长式的指导，是战后日本经济高速增长的一个重要条件。”②对于传统的东亚发展观而言，经济增长始终是资源动员和政策制定的核心目标。以日本为例，其宏观经济计划分为长期经济计划、年度经济计划、国土开发和地区开发计划三种类型。不管是那一种计划，其宗旨是指明经济的发展方向，表明政府的政策主张，协调各种利害关系。各类计划对企业不具有法律和行政的约束力，但经济计划中明确提出政府的发展方针、经济目标和政策手段，对企业经营方向和经营方式有着重要的参考价值，具有很强的导向性。③

经济发展的真正含义并非是几个重工业产业鹤立鸡群式的增长，而是整个国家综合国力的提高。东亚国家（地区）在发展经济中非常重视产业政策的选择。如果一个国家或地区的产业政策能够充分利用其当地的资源禀赋的比较优势，那么这个国家或地区的经济成本就低，竞争能力就强，就会创造更多的社会剩余，最终会积累更多的资本，更加有利于经济的发展。在这里，产业政策往往是政府经济政策的核心。政府制定出适合时代发展特征的产业政策，并通过一定的财政、金融政策给予支持，促使产业政策趋于合理并积极推进地区经济的发展。通过选择合理的产业政策，可以化解由于稀缺资源不足所造成的“瓶颈”制约。

---

① 谈世中．发展中国家经济发展的理论与实践［M］．北京：中国社会科学出版社，1992.

② ［日］都留重人．日本经济奇迹的终结［M］．北京：商务印书馆，1992.

③ 王振中．市场经济下的政府职能［M］．北京：社会科学文献出版社，2009.

日本和东亚“四小龙”的经验表明，选择合理的政府产业政策目标是非常重要的，它可以使政府的作用顺应市场而不是扭曲市场。

综观日本和亚洲“四小龙”的成功经验，政府职能的有效发挥极其关键。用刘易斯的话说：“如果没有一个明智的政府的经济促进，任何一个国家都不可能有经济进步……另一方面，也有许多政府给经济生活带来灾难的例子，以至于要写满几页警惕政府参与经济生活的话也是很容易的。”更明确地说：“政府的失败既可能是由于它们做得太少，也可能是由于它们做得太多。”① 东亚国家（地区）的政府干预既不同于美国的干预政策，也有别于一些经济落后地区政府干预经济的方式。以 1980 年和 1992 年中央政府支出占国民生产总值的比重来看，这一地区的政府属于“小政府”。当时日本政府支出分别占国民生产总值的 18.4% 和 15.8%，新加坡分别为 20.8% 和 22.7%，韩国分别为 17.9% 和 17.6%。相比较而言，同期拉美国家所占份额更高。例如智利分别占 29.1% 和 22.1%，巴西分别占 20.9% 和 25.6%。②因此，东亚国家（地区）的政府规模并不是特别大。这是因为政府干预经济的方式主要是提供产业政策，政府并不干预企业决策，而是利用政策来引导、指导企业界。③

三、国外政府经济职能理论与实践对青海藏区的启示

政府在经济发展过程中的职能问题是全世界关注的普遍问题，无论是发达国家还是发展中国家都存在政府如何有效发挥职能的困扰。世界各国政府，尤其是发达国家政府在不同的经济理论影响下，采取了一系列宏观经济政策和措施来指导经济发展并且积累了丰富的经验，其中有一些特别值得青海藏区政府借鉴。

（一）将政府职能与市场机制有机结合

毋庸置疑，发展市场经济离不开政府的作用，问题是政府应当起什么作用。

---

① 阿瑟·刘易斯．经济增长理论［M］．上海：上海人民出版社，1994.

② The World Bank , World Development Report（1994）［M］. New York：Oxford University Press , 1994.

③ Hayami , Y. Are There Lessons to Be Learned—a Commentary on The Asia Miracle［J］. Journal of the Japanese and International Economies, 1994（11）：7－14.

纵观西方发达国家政府职能转变的历程，在经济发展过程中将政府作用和市场作用有机结合起来，共同推动市场经济的迅速发展，是政府职能的重要体现。这也是青海藏区政府应该吸取的重要经验。

政府进行宏观经济管理必须遵循经济运行的内在规律。在市场经济运行中，各种经济变量之间相互联系、相互制约，处于一种动态均衡中，所有的经济活动都按照其内在的规律运行。西方发达国家的成功经验表明，发挥政府的职能，并不是让政府包揽一切，而是让政府尽可能从不必要的职能中退出来，减少对经济微观领域的干预。宏观经济政策的作用在于为微观经济运行创造一个良好的外部环境，提高微观经济运行质量。因此，青海藏区目前的宏观经济管理必须建立在坚实的微观基础之上，把总量调节与结构调整有机地结合起来。在发展新兴产业的过程中，政府需要对所支持产业的有效性作进一步深入细致的研究，而不是把钱直接给予自己“认定”的项目或企业。

目前，青海藏区政府应该避免扶持新兴产业时的习惯做法，即直接“给钱”予以补贴的财政优惠政策。因为这种补贴方式很难避免随意性，而且会助长不公正的竞争，无法实现预期的效果，最终将会抑制竞争和创新，而且容易滋生腐败。同时，政府不要随意地去干预个别商品的价格。如果政府对价格实行管制，势必会破坏市场通过相对价格变化有效配置资源的基本机制。

在西方发达国家，政府职能的普遍模式是把“看得见的手”和“看不见的手”两种机制结合起来，两种机制相互配合，共同促进市场经济发展。如果仅仅依靠市场或政府单方面的作用，就无法实现市场经济的充分发展。就青海藏区而言，一方面，要理顺政府和市场的关系。发展市场经济虽离不开政府的干预，但是，通常情况下，经济的增长是依靠其内在的能力，政府不应该试图代替市场发挥作用。另一方面，政府应该准确把握经济运行的周期规律，以此确定具体的管理目标。宏观经济管理要彻底摆脱“头痛医头，脚痛医脚”的现状，不能局限于短期目标，这样才能使经济运行的内在机制有序化。

在青海藏区市场经济发展中，政府的重要职能是提供由透明规则和公正执法构成的市场秩序。但是，由于藏区部分官员认为市场秩序的建立没有太大的牟利空间，他们更愿意干预企业的微观决策，这样，就自然会出现“政府越位”与“政府缺位”的双重腐败问题。在市场经济中，政府应该提供的是公共产品，而不是其他。如果政府介入微观经济活动，那么政府职能就完全颠倒了。这是青海藏区政府现在面临的最大难题之一。

（二）政府经济职能要体现自己的区域特点

目前，青海藏区正处于经济社会的转型时期，政府在这一特殊时期应该发挥一些特殊的职能。青海藏区的市场经济与西方国家，乃至东亚国家或地区的市场经济并不完全相同，所以政府在经济发展中的职能也应该作适当的调整。尤其是针对当前青海藏区经济社会发展出现的众多问题，如区域发展不平衡、贫富差距拉大、地区竞争加强、传统文化意识浓厚等，青海藏区政府干预经济的思路、角度、方法都应有自己的区域特点。青海藏区政府的作用不是干扰市场，但是要创造和培育市场，通过技术创新政策鼓励竞争，为企业参与国际竞争争取更大的和更自由的空间，让微观经济主体最大限度地发挥作用。政府有必要介入市场机制不健全的地方和领域，积极培育和完善市场机制。对于市场相对完善的领域，政府尽量不介入或减少介入。

综观其他地区和国家对于政府职能的诠释，结合青海藏区的经济发展水平，考虑到该地区独特的地理人文因素，当前青海藏区的政府职能应有如下思路。

首先，界定青海藏区政府职能的核心。由于青海藏区的经济发展水平和市场发育水平比较低，政府的核心职能也不同于其他地区和国家。目前，政府应以制度创新为重点，大力培育市场，完善市场机制，健全市场体系，以便尽快转变为社会主义市场经济体制。同时，政府必须制定适合本地区现状的政策，以维持稳定作为优先考虑的目标。

其次，政府职能需进一步扩展延伸。众所周知，青海藏区的生态价值高于经济价值，因此，青海藏区政府要选择适合本地区特点的发展策略，从而实现保护生态和发展经济的“双赢”目标。

最后，必须对政府自身进行改革。要结合青海藏区的地区特征，按照市场经济的要求改革和规范政府，改革和规范政府职能的领域、范围和方式，即构建一个有限的政府和有效的政府。

（三）政府职能要逐步向社会管理与市场监管转变

改革开放以来，与青海藏区的经济发展相比，社会事业的发展相对滞后，教育、卫生、社会保障等社会问题突出。与经济问题相比，这些社会问题更需要政府去解决，这就势必要求政府职能重心逐步地由经济转向社会事业，通过政府的相关政策解决一系列社会问题，为经济发展创造一个稳定的社会环境。目前，政府应当着力解决生态破坏、贫困、就业、收入差距、健全社会保障等方面的问题，努力营造和谐的社会环境，减少社会中的不稳定因素。

西方发达国家的政府职能有收缩的趋向，但对市场的监管职能不但没有淡化，反而有所加强。相比而言，青海藏区政府的市场监管职能出现严重的缺位现象。因此，一定要结合青海藏区的具体情况强化政府的市场监管职能。从长远来看，青海藏区的政府职能转型需要逐步精简在传统体制下形成的一些政府机构，这些机构以行政控制产品生产和产品调拨为主；或者将一些政府机构转变为适应市场经济要求的中介服务性机构或企业实体、事业机构；还要逐步设立并强化适应市场经济体制和社会经济发展要求的监督和服务性机构。在机构改革上也要随着政府职能的转变实行“有进有退”，这样才能建立起一个精简、效能、统一、法制的行政管理体系和行政管理机构。要打破政府垄断一切，扩大市场准入，强化政府的市场监管职能，即政府要有所为、有所不为。市场是需要秩序的，是需要透明的规则和公正执法来保障的。所以，经济和政治这两个方面的改革应该配合起来推进。就青海藏区而言，应该先求稳定，后谋发展。

政府职能的转化应以社会为导向，结合自身的区域特点，把社会利益和社会要求作为自身价值的参照体系，在职能转化过程中不断依据社会变量决定自身的结构、权限及其运行方式的转变。青海藏区政府应明白，自己主要是社会的服务者、协调者和一定范围的干预者，因此，对于政府职能的评判不能仅仅依靠效益和效率，而主要取决于其服务对象的满意程度。

（四）政府职能要以法律来规范与约束

综观各国政府职能的表现，不难看出，政府职能是一个动态的范畴，随着经济发展水平和社会环境等因素的变动，政府职能也会发生相应的变化，并逐步趋于成熟。

美国政府随着经济的发展经历了相应的改革，总体上经历了自由市场经济、政府干预、政府调控几个阶段。1789 年，美国宪法规定联邦政府有权制定税法并管理税收、有权制造货币并管理通货，以此政府经济职能产生。到罗斯福新政时，美国政府开始不同程度地干预经济，建立了以公司和个人所得税为主的财税制度，并对货币和银行制度进行了改革。20 世纪 80 年代初，面对“滞胀”局面，美国政府将宏观调控的重点从需求管理扩大到供给管理。综观美国政府经济职能的转变过程，美国政府在行使经济职能时不再局限于某一种具体的经济理

论，而是寻找有助于解决经济问题和实现政府目标的方法，任何学派的政策和建议都可以被政府在行使其经济职能时采纳。

美国政府改革的完善程度与改革的时间跨度有必然的联系。改革基本都经历了制度创新—经济发展—制度创新的过程，任何改革都是不断地探索新的出路，并没有“特效药”来解决改革中出现的一切问题。美国政府的职能改革从 1789 年开始，至今仍然处于不断发展之中，其时间跨度非常大，改革过程往往经历了几任政府以后才能完成。所以改革的目标要不断地与时俱进。

美国等西方发达资本主义国家在政府职能改革中，普遍成立了相关的机构，并通过法律规范约束不适合改革要求的经济活动和经济行为，从而将政府的职能改革转变为一个不断法治化的过程。实践表明，政府职能的合理界定是政府具有权威性的关键。由于经济和社会的不断变化发展，政府职能、政府机构设置必须与时俱进。针对政府机构膨胀问题，借鉴国内外政府职能改革的实践，基本经验就是通过转变政府职能以实现限制膨胀。因为，只有转变了职能，政府才能够放弃那些不应该管的事务，以此可以缩减相应的机构和人员，从而使政府规模得到有效的控制。只有解决了政府职能“越位”、“缺位”、“错位”的问题，政府规模才能从根本上得到合理有效的控制。

青海藏区关于政府权力的行使和承担的义务方面的法律还不健全，某些职能虽然有相关的法律配套，但还是没有起到预期的执行目标，法律对政府职能的监督和制约的效能并未完全发挥出来。通过立法来进行改革，一方面，可以有效避免改革的随意性，避免因领导人主观意志的改变而改变；另一方面，可获得来自立法机关的支持，使改革具备一定的权威性，从而减少改革过程中的阻力。因此，加强政府职能方面的立法已显得十分必要和迫切。青海藏区应该积极建立和健全有关政府职能行使方面的法律法规，加强对政府职能履行及其转变的规范和监督，进而加强政府行政的公开性和可操作性，以实现政府依法行政，在根本上提升政府的执政能力和执政水平。

第五章　青海藏区政府职能的多元目标体系

多年来，青海藏区经济发展中的政府职能仍以经济发达地区作为重要的参照，还未真正实现从本地区实际出发。新中国成立 60 多年来的实践证明，促进青海藏区经济发展，政府不仅负有更加重要的责任，而且要跟随时代的步伐，努力做到与时俱进。在现代市场经济条件下，青海藏区的政府职能不是单一的，而是一个多元有机统一的目标体系。

一、明确经济社会发展目标

改革开放前，青海藏区一直维持着计划经济体制。由于经济水平的落后，社会秩序的形成不可能依靠经济的力量，而只能依靠超经济的政治强力和意识形态的作用。在这种社会状态中，政府职能主要集中在政治领导层面上，而社会的公共管理只是从属于政治活动的一种补充。随着市场经济的发展，青海藏区民众对政府公共管理的要求更为迫切。但是，一方面，由于青海藏区政府已经习惯于计划经济时代的政治领导功能；另一方面，政府又缺乏提供公共产品的能力，所以，政府的公共管理职能不可能按照其内在的要求得到切实有效的履行，进而必将在本质上折射出对社会公共利益的冷漠与无助，以至于造成损害政府自身形象和丧失政府实际功能的客观效果。

作为藏区政府，不能完全模仿经济发达地区政府的做法，即过度依赖市场。政府要加强自身的责任感，责任感是政府职能发挥好坏的关键。当前，青海藏区经济发展要以科学发展观为指导，着重处理好生态保护、基础设施建设、民族教育等众多具有区域特殊性的问题。

（一）加强生态保护和建设

当前，人类活动对环境的影响已经成为一个重要的政策问题。一方面，人们越来越关注一个国家或地区的经济活动对全球和地方环境的影响；另一方面，人们也越来越认识到，持续的经济增长和人类福利有赖于环境提供的服务。

青海是三江之源，是地球第三极——青藏高原的重要组成部分，因此，青海生态环境的好坏不仅对青藏高原的生态环境具有直接影响，而且对整个长江、黄河、澜沧江中下游地区的生态安全、经济社会的可持续发展都具有非常重要的意义。因此，在青海藏区经济发展中政府应将生态保护作为最重要的职责之一。

1. 青海藏区生态环境现状①

由于高原的持续隆起和气候的干旱，青海藏区生态环境一直处于退化趋势。数据显示，青海藏区从20世纪后期开始，水土流失日趋严重，环境退化进一步加剧，青海藏区自然生态变得更加脆弱。

首先，草场生态环境急剧恶化。地处长江源头的玉树藏族自治州，全州土地面积为26.7万平方千米，草场面积有2028.13万公顷，分别占全省总面积的37.2%和草场总面积的57.46%。玉树州六县退化草地基本情况如表5－1所示。

表5－1　玉树州退化草地基本情况调查表

县	草地总面积（万公顷）	可利用草地面积（万公顷）	退化草地面积（万公顷）							
			总面积	比例（%）	轻度退化	比例（%）	中度退化	比例（%）	重度退化	比例（%）
称多	153.15	124.59	69.93	56.12	9.15	7.34	27.19	21.82	33.59	26.96
玉树	152.79	133.19	77.13	57.91	9.21	6.92	32.55	24.44	35.37	26.56
囊谦	127.01	109.86	62.10	56.53	18.60	16.93	10.04	9.14	33.46	30.45
治多	261.89	185.94	87.71	47.17	5.97	3.21	26.54	14.27	55.20	29.69
杂多	300.91	234.75	119.47	50.89	39.48	16.82	32.25	13.74	47.73	20.33
曲麻莱	384.14	211.70	144.31	68.17	11.44	5.41	91.15	43.06	41.72	19.71
合计	1379.92	1000.05	560.65	56.07	93.86	9.39	219.73	21.97	247.07	24.71

注：不包括各县牧场及军分区牧场面积。

资料来源：玉树州退化草地基本情况调查表．青海畜牧兽医杂志［J］．2005（4）．

① 杨虎德．青海藏区社会稳定研究［M］．昆明：云南教育出版社，2010.

从表5－1可以看出，玉树藏族自治州6县的草地退化总面积已经达到560.65万公顷，占可利用草地面积的56.07%。6县中轻度退化的草地面积为93.86万公顷，占可利用草地面积的9.39%；中度退化的草地面积为219.73万公顷，占可利用草地面积的21.97%；重度退化的草地面积为247.07万公顷，占可利用草地面积的24.71%；同时，全州土地沙化面积目前已经达到118.86万公顷，而且每年以10.2%速度增加，如表5－2所示。

表5－2　玉树州沙化草地面积统计

县	草地可利用面积(万公顷)	退化草地总面积(万公顷)	沙化草地面积（万公顷）	退化加沙化面积(万公顷)	退化加沙化占草地比例(%)	沙化占草地比例（%）
称多	124.59	69.93	0.00	69.93	56.12	0.00
玉树	133.19	77.13	0.00	77.13	57.91	0.00
囊谦	109.86	62.10	0.72	62.82	57.18	0.66
治多	185.94	87.71	65.68	153.38	82.49	35.32
杂多	234.75	119.71	31.67	151.38	64.48	13.49
曲麻莱	211.70	144.31	20.89	165.21	78.04	9.87
合计	1000.06	560.89	118.86	679.75	67.96	11.90

注：不包括各县牧场及军分区牧场面积。

资料来源：玉树州沙化草地面积统计表．青海畜牧兽医杂志［J］．2005（4）．

另外，环青海湖地区和柴达木盆地的生态环境形势仍然十分严峻。目前，环青海湖地区退化草地面积达67.67万公顷，并以每年3%的速度增长；沙化面积也以每年10余平方公里的速度扩展，与20世纪50年代相比，沙化土地面积扩大了304平方公里。柴达木盆地荒漠化植被面积占全区面积的16%，而乔灌木面积只占全区的0.2%，荒漠化面积以每年2.1%的增长速度扩展。

其次，水土流失面积扩大。1996年黄河源头的两大湖泊（扎陵湖、鄂陵湖）间首次出现了断流，而且两湖的水位也不断下降，源头出现的断流及水位下降直接导致黄河下游不断发生断流现象。具有“千湖之县”之称的玛多县，20世纪60年代有大小湖泊4077个，玛多县土地面积为2.5万平方公里，而湖泊面积达1700平方公里，近20多年来，已有1047个湖泊萎缩，100多条河流干涸或变小。同时，青海湖水位也处于不断萎缩状态，1959年水位高度为3196.55米，2004年降低到3192.77米，湖面面积由4548.3平方公里缩小到4186平方公里。

青海省气象局根据EOS/MODIS卫星资料动态监测发现，2006年青海湖的水域面积在汛期比2005年同期增大了9.95平方公里，而到11月枯水季节则比2005年同期缩小10.07平方公里。此外，柴达木盆地由于持续干旱，民用井水也开始下降，某些河流还出现了断流现象。

总之，青海藏区的生态环境前景不容乐观。政府须采取一定的措施加以保护，并以生态环境保护为统领，转变经济发展方式和文化观念，实现经济、社会与资源、环境的全面、协调、可持续发展。

2. 生态保护中青海藏区政府的职能

首先，青海藏区政府应该加大宣传力度，拓宽生态环境治理和保护的资金来源渠道。青海藏区政府应通过多种措施来宣传保护生态的重要性，不仅要鼓励本地区的群众积极参与环境保护工作，以杜绝破坏生态环境的行为；而且，还要使区外所有生态受益者共同参与生态环境的治理与保护。

其次，青海藏区生态环境的退化不仅严重影响本地区经济社会的持续稳定发展，而且也对长江、黄河、澜沧江流域地区的生态安全带来了极大威胁。数据显示，青海省的牧业人口近60万，其中有12万人口分布在重度退化、沙化的草场和黑土滩，为了实行封闭休牧育草，这些都需要全部迁移；分布在轻度退化草场的13万人也需要迁移，另外还包括半休牧区的人口，有30多万人需要迁移，三江源地区仅禁牧、休牧，每年的林业、畜牧业损失收入达几亿元，这是一项耗资巨大的工程。由于青海藏区是欠发达地区之一，所以自身并不具备治理已经破坏的生态环境的能力。三江源生态保护，一直存在“上游投入，中下游受益；贫困地区负担，富裕地区受益”的不合理现象。因此，在治理三江源头的生态环境时，考虑过去东中部地区长期无价或低价使用青海藏区的资源，根据“受益者付费”的市场准则，让全国特别是东中部地区对青海藏区付出的巨大环保治理成本进行合理承担，既有必要，也有可能。建议拿出一定的预算支出，通过财政转移支付办法，专项用于像三江源生态保护与建设这类对国家生态安全、经济发展构成全局影响的区域生态环境工程建设。①青海藏区政府应加大宣传，重点突出青海藏区生态环境建设在全国的重要意义，将青海藏区特别是三江源地区的生态保护纳入国家的长远规划中，通过国家的相关政策和经济发达地区的资金支持，对已经破坏的青海藏区生态环境进行治理。

---

① 杨虎德．青海藏区社会稳定研究［M］．昆明：云南教育出版社，2010.

再次，青海藏区政府应帮助转移牧区人口，缓解草场压力。地处三江源头的玉树和果洛藏族自治州，载畜量过重是导致草场退化的重要原因。例如，玉树藏族自治州，1950 年全州总人口 11.3424 万人，有可利用的草场面积约 13400 万亩，共有各类牲畜 184.3535 万头（只），人均占有牲畜 16.25 头（只），每头牲畜占有草场72.69 亩；到 1993 年全州总人口 23.85 万人，共有各类牲畜 400 万头（只），人均占有牲畜 16.77 头（只），每头牲畜占有草场 33.5 亩，与 1950 年相比每头牲畜占有的草场面积下降了 39.19 亩。果洛藏族自治州 1952 年有可利用的草场面积 8860 万亩，全州有各类牲畜 146.71 万头（只），人均占有牲畜 26.2 头（只），每头牲畜占有草场 60.39 亩；1993 年全州总人口 11.97 万人，有各类牲畜 261.73 万头（只），人均占有牲畜 21.86 头（只），每头牲畜占有草场 33.85 亩，与 1952 年相比每头牲畜占有的草场面积下降了 26.54 亩。[①] 由此可见，随着人口的增加，人均占有牲畜数量以及每只牲畜占有的草场面积逐年下降。如果不控制人口数量，仅仅依靠牲畜发展，只能使脆弱的生态环境雪上加霜，不仅达不到脱贫致富的目标，而且可能会走上"竭泽而渔"、"焚林而猎"的路子。针对草场资源极其有限的状况，政府必须下决心解决人口压力，实施"生态移民"。政府要帮助牧民迁出已经失去生存条件的高寒地区，并出资安置到新开辟的开发区或集中到半休牧区和生态牧业区；把用于高寒偏远地区修路盖房等公共设施的资金集中投入于主要项目与城镇建设上，降低公共消费成本。凡规划为自然保护区内的人口由政府统一安排，集体迁移；自然保护区实行全休封育，禁止一切生产性活动。半休牧区属于生态重点治理区，这里的牧民可根据草场分布和生态状况，适当迁移；政府可以将部分未迁移的牧民聘为专业护林员、种草人员等；为维持生计可以保留少量的牲畜，政府应给予特殊的补贴和生活照应。对部分迁移群众，政府可以帮助组建生态产业农场与牧场，开展畜产品加工、服务等生产活动。这样既能保护高原生态环境，又能使青海藏区的农牧民实现脱贫致富目标，以实现高原经济社会的和谐及可持续发展。

最后，青海藏区政府应完善生态补偿机制，解决好农牧民的长远生计。生态补偿是以保护生态系统功能、促进人与自然和谐发展为目的，根据生态系统服务价值或生态保护、破坏和发展机会成本，运用财政、税收、市场等手段，调节生态保护者、受益者、破坏者之间利益关系的一种制度。其具体内容包括：保护和

---

① 于敬尧．青海藏族自治地区稳定与发展研究［M］．西宁：青海人民出版社，1994.

建设生态服务补偿、资源占用和开发补偿、限制发展机会和发展权补偿，以及对具有重大生态价值的区域或对象进行保护性投入的补偿。生态补偿是建立在公平、合理、互利原则基础上的有限责任补偿，重点解决保护区群众的生活、住房、就医、就业、子女教育等民生方面的突出问题。政府应该把主要的行政资源投入到生态保护和生态补偿机制建设上，通过相关政策引导，加强各类人员对生态保护、生态补偿等政策的认识。政府应该集中精力做好以下几个方面的工作：

第一，确定移民的基本条件。为了解决“人口增长—过度放牧—草场退化—加速贫困”的恶性循环，实现生态保护和稳定脱贫的“双赢”目标，政府实施移民措施，将生态环境严重恶化、严重超载的农牧民集中移居到固定的区域内，对重度退化区实行整体移民搬迁政策，而对中度和轻度退化区视具体情况而定，可以选择部分移民搬迁。只有减少这些地区的牧民人口，才能有效减少牲畜数量，草场才能得以休养生息。搬迁过程中应在牧民自愿的基础上，由政府统一安置和负责转产培训，对接受过一定教育的牧民，政府可以鼓励他们脱离牧业生产，将他们吸收到城镇。

第二，积极培育后续产业。移民主要是农牧民群众，所以政府选择后续产业时要考虑主要以农牧业生产为主，在具体的移居过程中要围绕特色产业基地和有机畜牧业等产业，防止移民盲目发展未经论证的产业；在移民规划中，要明确主导产业，并通过资金、项目支持来引导移民参与。一方面，牧民完全根据自己的意愿从事以舍饲育肥为主的设施畜牧业，政府提供相应的技术、资金等；另一方面，对搬迁到城镇的牧民群众，政府鼓励他们从事零售业、运输业，积极引导他们到餐饮、近郊种养业和牧业社区服务业等，以提升第三产业的发展水平，促进城镇经济的快速发展。

第三，做好后期扶持工作。实施生态移民工程，一定要做到“移得出、稳得住、富得快”。

（二）着力解决贫困问题

1. 青海藏区贫困状况

青海藏区是除西藏以外全国最大的藏族聚居区，是我国少有的地势海拔高、少数民族人口比例高、贫困人口比例高、返贫困率高，经济社会发展水平低的“四高一低”地区。随着东西部地区差距的拉大，青海藏区与经济发达地区的反差越来越强烈。青海藏区的贫困状况呈现出贫困面大、贫困程度严重、生活条件差、社会公益事业发展滞后、部分移民的贫困问题突出、少数民族地区与汉族地区的收入差距不断拉大等特点。

青海省全省15个国家级贫困县中，其中11个县分布在青海藏区，10个省级贫困县全部在藏区；青南高寒牧区8个国家级贫困县的贫困人口共计25.4万人，占当地农牧民总人口的63%。[①] 造成青海藏区贫困现状的原因主要包括：首先，青海藏区极其脆弱的生态环境。近几年来自然以及人为因素的生态环境破坏相当严重，环境的恶化导致人口、牲畜等要素承载力也持续下降，伴生了生态难民的出现。其次，自然灾害、经济结构、劳动力素质、基础设施等多方因素并存，相互影响，导致贫困现象。

所以，青海藏区的贫困问题仅仅依靠单纯的扶贫政策无济于事，而要考虑整个经济社会如何可以可持续发展。政府应该立足青海藏区发展实际，通过脱贫与可持续发展政策的合理结合，建立有效的制度安排，从人口、资源、环境、经济与社会协调发展的系统性出发，积极促进人口相对集中，集中精力改善农牧民生活和农牧业生产的基础条件，转变经济发展方式，实现资源的合理有序开发，提高可持续发展能力，逐步解决贫困问题。

2. 青海藏区政府在消除贫困工作中的职能

第一，努力加快青海藏区经济社会发展。众所周知，加快民族地区的经济社会发展，是民族地区减缓和消除贫困的关键。胡锦涛同志强调："加快少数民族和民族地区经济社会发展，是现阶段民族工作的主要任务。"要解决民族地区的困难和问题，就必须发展经济。民族地区的发展实践证明：大发展、小困难，小发展、大困难，不发展、最困难。如果青海藏区的经济发展了，藏族民众才能解决温饱、摆脱贫困、缩小差距、奔向小康。

第二，进一步完善扶贫开发制度体系。青海藏区呈现出区域性整体贫困的特征，因此，解决青海藏区的贫困问题，政府应该着眼于政治稳定、经济社会可持续发展的总体要求，实行特殊的区域型的专项扶持政策。针对青海藏区贫困人口的基本需求，着眼于区域协调发展的基础，坚持政府主导、社会援助、全社会共同参与的方式，由单纯的开发式扶贫向救助性扶贫、制度性扶贫转变。从法律法规建设、经济社会发展战略、收入分配政策、扶贫开发计划、扶贫项目落实等方面，将扶贫开发制度规范化、长效化和体系化，并辅之以整村推进工程、产业化

---

① 杨虎德. 青海藏区社会稳定研究［M］. 昆明：云南教育出版社，2010.

扶贫、异地扶贫、劳动力转移与培训、行业帮扶、社会保障、社会救助以及国际援助等措施的整体推进，可遵循如图 5－1 所示“钻石”模型的制度安排框架，以此构筑完整的长期扶贫的制度体系。①

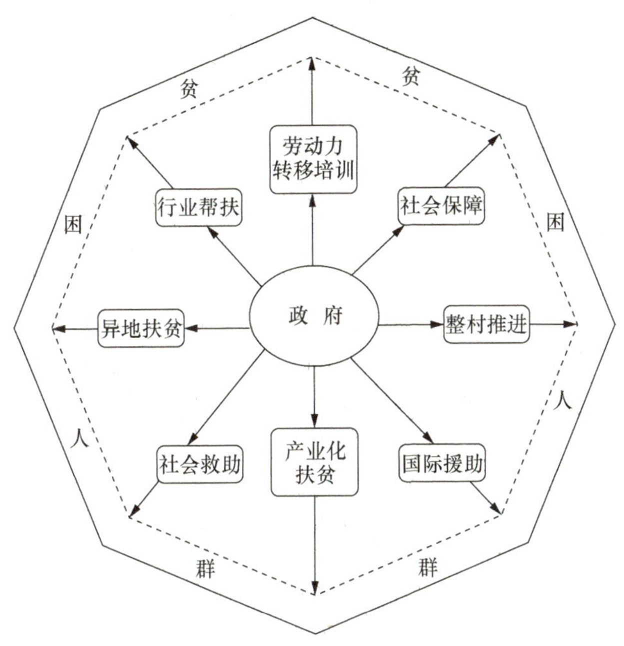

图 5－1　“钻石”模型

退耕还林（还草）政策使得不少农牧民失去了土地，由于补偿政策的不完善，经常出现一些补偿量不足或补偿范围小等问题，使得失地农牧民的生活水平反而下降。同时，生态移民的产业选择和后续发展问题也值得引起重视，政府应该从政策和资金上给予大力扶持，巩固退耕还林、退牧还草、生态移民等生态保护与建设工程成果。地方政府应积极引起国家的高度重视，以增加中央财政的投入力度；并努力探索流域生态补偿路径，引导社会各方（包括国内外、企事业单位）广泛参与对口帮扶青海藏区贫困地区；通过优惠政策吸引发达地区企业或个人前来投资合作，拓宽生态补偿市场社会化运作之路，形成良好的扶贫帮困社会氛围。

① 孙发平，崔永红．青海研究报告［J］．青海省社会科学院，2009（6）．

第三，应加大贫困地区劳动力的就业培训。青海藏区由于劳动力素质低下，不仅影响了本地区经济的发展，也严重制约了劳动力的流动。青海藏区农牧民居住比较分散，是劳动力就业培训的阻力。政府一方面要促进人口的相对集中，生态移民是解决这一问题的较好途径；另一方面，政府应积极制定青海藏区劳动力培训的相关政策，加大“阳光工程”的培训力度与资金投入，结合本地区经济发展实际，培训一批能切实推动经济发展的劳动力。对于部分生态移民及失地农牧民，更要给予优惠政策，或有目的地进行培训，或实行相应的帮扶政策，通过多层次、多渠道提高劳动力素质，并在政府的积极引导下实现就业和再就业。

（三）优先发展教育事业①

青海藏区在经济发展中最缺乏的就是人才。没有一大批高素质的优秀人才的参与和推动，青海藏区的经济很难得到根本改观。但是，政府没有很好地处理好教育与发展地方经济之间的关系，是影响青海藏区教育落后的重要原因。在“数字出干部”的现实条件下，地方经济指标直接影响干部的升迁，因此政府不会过分关注投入大、周期长、见效慢的教育，而将注意力集中在成效显著的经济发展上。因此，政府在对教育资源管理和配置方面均存在明显的不完善和低效率。青海藏区的教育资源大量集中在各个州府所在地或县城，而广大的农牧区学生拥有很少的教育资源。教育资源的浪费和极度的短缺在青海藏区并存。

1. 青海藏区教育发展现状

青海藏区与全省相比，教育差距很大。主要表现在：

首先，中小学入学率比较低。目前，青海省有16个县尚未实现“两基”目标，这些县都分布在藏区；16个县的初中入学率平均在40%～60%，初中入学率最低为泽库县，只有14%。小学入学率有4个县在90%以下，分别为：囊谦县89%、杂多县68%、曲麻莱县73%、泽库县73%（见表5－3、表5－4）。

其次，青壮年文盲率高。2005年，青海省成人文盲率为24.07%，比全国高13.03个百分点，这些文盲多数集中在藏区（见表5－5）。我国人均受教育年限为8.5年，西部地区为7.5年，青海省为6.15年，而青海藏区仅为2.7年，远远低于全省及全国水平。

---

① 杨虎德．青海藏区社会稳定研究［M］．昆明：云南教育出版社，2010.

最后，青海藏区教育基础设施相当落后。平均受教育年限都相对比较低，如表5－6所示。

表5－3 青海藏区入学率较低的四个县入学率情况

单位:%

	囊谦县	杂多县	曲麻莱县	泽库县	九年义务人口比率
小学入学率	89	68	73	73	93.5
初中入学率	31	16	20	14	70

资料来源：青海省教育厅。

表5－4 青海藏区6岁及6岁以上人口受教育程度情况

单位：人

地区	6岁及6岁以上人口合计	未上过学	扫盲班	小学	初中
海北自治州	246061	62746	12396	99261	44585
黄南自治州	197973	87539	6733	68174	16517
海南自治州	355616	120342	16374	131412	50200
果洛自治州	122165	65684	10105	26131	10640
玉树自治州	234961	161740	9361	39902	11334
海西自治州	333690	47483	8929	106391	94327

资料来源：青海省人口普查办公室，青海省统计局编．青海省2000年人口普查资料［M］．北京：中国统计出版社，2003.

表5－5 青海藏区15岁及以上人口文盲率

单位：人

地区	15岁及以上人口	文盲人口	文盲人口占15岁及以上人口比例
海北自治州	195952	54155	27.64
黄南自治州	151986	69655	45.83
海南自治州	279519	98021	35.07
果洛自治州	96781	49677	51.33
玉树自治州	180937	120709	66.71
海西自治州	273728	41206	15.06

表 5－6　青海省分地区的各种受教育程度人口和平均受教育年限

单位：万人，年

地区	6 岁及以上人口数	小学	初中	高中或中专	大专及以上	平均受教育年限
全国	115670.03	44161.34	42238.66	13828.35	4402.01	7.62
青海省	468.66	159.77	111.81	53.66	17.13	6.15
海北州	24.61	9.93	4.46	2.23	0.47	5.45
黄南州	19.80	6.82	1.65	1.39	0.51	4.07
海南州	35.56	13.14	5.02	2.92	0.81	4.84
果洛州	12.22	2.61	1.06	0.77	0.19	3.07
玉树州	23.50	3.99	1.13	1.05	0.21	2.13
海西州	33.37	10.64	9.43	6.08	1.58	7.40

资料来源：青海省统计局．青海省统计年鉴（2010）［M］．北京：中国统计出版社，2010.

青海藏区一些学校仍然缺少最基本的教室、宿舍、课桌等设施，而师资力量的缺乏是导致青海藏区教育水平明显落后的另一个重要因素。据调查，青海藏区的多数小学还未开设英语课程，大量的牧区学生为了学习英语，集中到县城或省城求学。藏区的各个县城小学人满为患，大班教育严重影响了正常义务教育的效果。同时，许多小学基本以老教师（临近退休）或代课老师为主，不少代课教师文化水平偏低（有的仅仅是初中水平），知识结构不够系统，更不懂得先进的教学方法，这样的教师队伍结构对义务教育非常不利。虽然小学和初中入学率较以前有所上升，但由于随着中考难度的加大以及农牧区教育水平的落后，农牧区进入高中或更高层次求学的人数却在相对减少；另外，越来越多的外出务工人员对农牧区学生继续求学深造的观念造成了冲击。青海藏区广大农牧民更加倾向于过早放弃学业进入打工队伍或从事畜牧业生产。

2. 教育发展中青海藏区政府的职能

教育的落后直接导致地区经济发展的落后，教育的不公平会引发一系列社会问题。政府应该重视青海藏区教育水平相对落后的现状，采取积极的措施以应对由于教育落后而引发的诸多问题。

首先，应该制定相关政策，加强监督力度。农牧区学校条件相当落后，国家实行义务教育免费政策，所有的学校每年都会有大量的项目拨款，但是，这些学校的基本教学条件并没有得到彻底的改观。这意味着政府每年负责给学校拨款，但有相当部分款项并未真正用到所对应的项目上。政府应该加强监管力度，确保所有的教育经费真正用于改善农牧区教育设施，并尽量提高农牧区教师的待遇，提高教育工作者的积极性。同时，政府要加大对基层教师的培训工作，通过不断培训教育，掌握其他地区先进的教育理念和教育方法。政府只有摒弃过去的"等、要、靠"思想，通过制度创新，才能打破地区经济与教育发展的发展怪圈。

其次，优化学校布局，完善教育体系。针对青海藏区地广人稀的特点，普通教育仍然坚持"适当集中、扩大规模、优化布局、提高效益"。具体办法如下：半农半牧区，尤其是小块农业区按照小学就近入学、初中相对集中的原则；纯牧业区或边远山区按照集中办学、扩大规模的要求，实行寄宿制和远程教育的办学方法。青海藏区有一些小学只有几个学生、一个教师，还有一些学校仍然实行复式教育的方法，即不同年级的学生在同一个教室，由一个教师分别进行授课。这些都严重制约了藏区教育的发展，应该撤并这些相对分散、规模又小的学校。政府应将现有的教育资源很好地组合起来，今后努力办好规模较大、质量较好、效益较高的县中心寄宿制完全小学。针对某些乡寄宿制学校学生人数偏少现象（人数不足 30 人），尽量打破地域观念，实行跨地区联合办学，以解决学生数量偏少的问题。青南地区除州府所在地外的各县，原则上不设高中，将高中集中到州或异地办学，县上集中力量办好小学和初中。政府帮助开展多种形式的捐资助学活动，大力培养"双语"教师，巩固"普九"成果。

最后，加大职业教育投入，促进地区经济发展。在升学率低、劳动力素质低的青海藏区，职业技术教育与义务教育是同时支撑教育发展的两个重要组成部分。青海藏区应针对基础教育薄弱、升学率低而同时地区经济发展需要大批初级、中级专业技术人员和熟练工人的实际情况，在做好义务教育的基础上，发展多种形式的职业技术教育，在短期内迅速培养出一大批有真才实学的应用型人才，为青海藏区经济发展服务。

（四）加强基础设施建设

1. 基础设施状况

随着市场经济的发展，政府应加大公共服务领域投入，增强基层政府提供公共服务的能力。在青海藏区，政府应该加强公共基础设施建设，为经济发展奠定良好基础。在社会主义市场经济条件下，青海藏区政府的主要任务是建设良好的基础设施条件，通过完善的基础设施所形成的积极外在性来促进经济的发展和社会的全面进步。

基础设施落后是制约藏区经济发展的重要原因。青海藏区交通运输、信息产业和能源设施建设与全省东部地区相比，还存在比较大的差距。交通不便、信息不灵成为影响藏区投资环境、制约藏区经济社会发展的重要因素。青海藏区的大部分地区生活燃料主要靠牛粪维持，严重缺乏，部分乡村至今未解决照明用电问题，在互联网十分发达的今天，有些地区邮电通讯比较落后，不少地方仍然靠骑马传递信息，靠牲畜运输物资。

2. 基础设施建设中青海藏区政府的职能

青海藏区因地广人稀，经济总量很小，财力单薄，成为影响藏区基础设施建设的主要制约因素。因此，政府必须把基础设施建设放在优先发展的突出位置，统筹规划，加快发展。尤其要重点发展交通、通信、能源、水利建设和城镇基础设施建设。

投资基础设施建设是青海藏区政府今后面临的主要职责。青海藏区政府应以发展社会经济和解决民生问题为重点，为营造开放而安全的经济发展环境提供服务，良好的基础设施条件是吸引国内外投资者和经营者的关键。经济增长与引进外部投资是非常重要的，青海藏区政府的职责不是去直接投资，而是通过政府干预加强引进外部投资的力度。政府应该进一步完善公路、铁路、航空等多种运输方式相结合的安全畅通的综合运输体系，依靠先进的传输手段，改善边远地区通信条件，提高农村牧区电话普及率，加快农村牧区邮政网络建设，提高农村牧区通邮率和邮件传递速度；着力搞好水利骨干工程建设；能源建设要以电站、电网和石油天然气管道建设为重点，不断提高利用气能、电能水平。

对于青海藏区来说，外来的投资者和经营者都是现实的生产力，是经济发展的有利资源。对于外来的投资者和经营者来说，青海藏区正是潜在的大市场，使得交易的各方在平等互利中实现“双赢”，使得潜在的投资者成为现实的投资者，而使潜在的市场变为现实市场的重要中介就是青海藏区的高效政府及其便利高效的基础设施建设。

（五）促进特色产业发展

费孝通曾经说过，一个民族要在现代化进程中保持其民族特点，就必须善于利用自己特有的优势来发展经济，不然的话，这个民族是要走向衰亡的。

青海藏区由于远离都市边缘，基本上处于比较封闭的系统中，没有可以依赖

的外向型工业化经济。如果我们换个角度来思考问题，这样一个还没有完全城市化的区域，民族传统文化保留得比较完整，民风特别淳朴，政府应该让人民在自己的土地上获得他们应有的权益，而不是模仿发达的地区，加速城市化进程。青海藏区是一个多民族聚居区，不同的村庄可以发展自己特定的农畜产品和手工业产品。不管是农产品、畜产品，还是手工业品，都不应追求规模化，而是一种服务当地经济的，能够自我生存的，与本土文化结合在一起的具有地域特色的一种经济方式。这种经济方式将文化多元性、生态多元性和经济多元性有机地结合在一起，具有不可替代的效应。

1. 发展农产品加工业

众所周知，低碳生活是所有的人都向往的一种生活方式。当今，资本主义的大农业生产方式给全球食品安全问题造成了严重的隐患，化肥、农药污染问题，转基因的食品问题，层出不穷。青海藏区的土地并不具有像东、中部地区的土地那样的资本化条件，政府完全可以将不利条件转变为有利条件，即投资保护好当地的小农生产体系，建立一个可持续的无能源消耗的生产体系，继续保持中国传统的小农经营的农业方式。政府所做的主要工作便是帮助农牧民打通市场，让小农模式下健康的有机食物在市场中实现自身价值。政府应该着力建设社会主义市场经济：一方面，一定要经济为社会服务，因为它是社会主义的经济；另一方面，它是以满足人民对健康食品的需求为目的的，因为它也属于市场。政府帮助人们重新认识小农经济在当前生产方式中所具有的优势，并努力使市场回归到作为满足消费者真实需求的意义上，回到能够促进城乡互动的良性的市场关系中。青海藏区所有的村落都具有特殊的地域、文化特色，而资本主义大市场不适合这些具有民族特色的区域，所以要以尊重各个地方的经济自主性为前提，以文化多样性和物种多样性为基础，让乡村多样多彩的有机食品能够进入我们的城市，丰富我们的生活，丰富我们的食物，让我们的食物更安全、更有营养，生活才能更美好，城市才能更美好，环境才能更美好，所有这一切都必须建立在与乡村的有机联系上。①

对于相对封闭、现代化水平比较低的青海藏区来说，政府应该帮助小农经济创造出真实的市场关系。只要有大量的潜在的消费者，就意味着具有一定的市场竞争力。通过政府建立各种关系使城市和乡村形成互动，要帮助那些绿色、生

---

① 吕新雨．新乡土主义，还是城市贫民窟［J］．开放时代，2010（4）．

态、健康的小农经济产品通过正规渠道到达城市消费者手中。政府尤其要在小农经济产品进入城市的渠道、成本费用等方面尽量发挥积极的职能。由此，青海藏区要以乡村为本，重新建立城市与乡村互相哺育的关系。

2. 发展加工贸易

青海藏区的对外开放水平很低，出口贸易和服务对国民经济增长没有产生很大的贡献和拉动作用，所以，转变经济发展方式要扩大对外开放的广度和深度，提高开放型经济水平。青海藏区政府应该在实施生态立区战略和正确处理生态保护与经济发展的前提下，大力开发优势资源，发展特色经济，根据市场需求，调整产业结构和产品结构，并通过技术创新提高产品的科技含量。青海藏区政府应利用优惠的政策吸引国内外企业来藏区投资，更好地处理“引进来”与“走出去”之间的关系，通过大量的政策措施重点引进资金、技术、人才，输出商品和劳务，加快转变外贸增长方式，合理利用外资，形成内外联动、互利“共赢”、安全高效的经济合作和竞争的新局面。青海藏区政府要通过加大藏区一些民族用品的加工企业投资力度，改善加工贸易配套条件，提高产业层次，鼓励藏区加工贸易企业积极开拓国际市场，争取实现布局合理、比较优势明显、民族特色鲜明的加工贸易发展格局。

3. 发展劳动密集型产业

针对青海藏区的实际特征，政府应该积极承接、改造和发展纺织、服装、玩具、家电等劳动密集型产业，充分发挥其吸纳就业的作用。

由于城乡居民收入增长缓慢，导致青海藏区消费需求不足。2009 年，青海省城镇居民家庭人均可支配收入为 12692 元，比全国同期水平 17175 元低 4483 元；青海省农村居民纯收入为 3346. 15 元，比全国同期水平 5153 元低 1807 元。而青海藏区城乡居民收入又明显低于青海省平均水平。因此，藏区要扩大消费需求，就必须加快城乡居民收入增长，以此来扩大消费需求，实现经济方式的转变。要增加城乡居民的收入，政府必须实行积极的财政政策，将国民收入分配从扩大投资方面调整到扩大消费转移方面，完善经济增长与居民收入增长的互动机制，确保城乡居民的收入稳步提高。政府要把降低失业率的调控政策放在优先的地位，集中精力解决就业问题。因此，要通过积极发展劳动密集型产业，加大劳动力培训计划，创造良好的就业环境，提高藏区城乡居民的收入。在此基础上，一方面，政府要完善社会保障体系，努力提高城乡居民最低生活保障水平、医疗参保水平和各项社会救助水平，通过积极的财政政策，解决城乡收入差距；另一方面，政府要引导城乡居民转变消费观念，提高消费意识，进一步完善扩大消费政策，完善市场体系，规范经济秩序，培育新的消费热点，拓宽消费领域，以促进消费需求拉动经济增长。

近几年，东部地区经济的迅速发展，吸引了不少青海藏区的农牧民外出务工。当然更多的外出务工者或者失去了土地，或者抛弃了土地（由于退耕还林或产量比较低）。其实政府更应该鼓励当地农牧民从事传统的小农经济，依靠土地解决基本的生存问题，而以打工作为获得收入的另一条渠道。这里所说的小农经济，其中也包括牧区的畜产品以及一些手工业品的生产，政府与其将大量的剩余劳动力推到东部经济发达地区，还不如留在本地，发展一些劳动密集型的、内向型的产业。这不仅有利于解决本地区的就业问题，而且也增加了劳动者的收入，是一项稳定地区经济发展的长久之计。

调整产业结构，促进产业结构优化升级是转变经济发展方式，实现各个产业之间协同拉动经济增长的关键。青海藏区政府应结合藏区自身特点，进一步完善生态补偿机制，积极推进生态保护与生态产业的和谐发展，通过技术创新加大对柴达木地区的盐湖资源和石油天然气资源的开发力度，积极发展循环经济，延长产业链，提高产品科技含量。重点发展旅游业，主要依托青海藏区独特的历史文化遗存、宗教文化艺术、民间民俗风情等旅游资源，加强旅游基础设施建设，提高旅游服务水平。结合青海藏区高寒特点，重点培育“冷凉”作物种植，将高原独特的农畜产品，打造成纯天然的、绿色的健康食品，积极参与国内外竞争，提升产品的知名度。充分利用高原野生动植物资源，大力发展生物制药业和保健产品。

二、提高地方政府效率

由于青海藏区的市场发育不健全，社会发展程度比较低，决定了地方政府在一定的时期内必须行使重要的管理职能，以对社会经济发展起引导作用。由于深受计划经济体制和旧的观念的影响，青海藏区地方政府经常会出现失灵，即“政府失灵”（Government Failure）。由于政府并不具有能够较市场更有效地获取信息的优势，所以它在市场机构之外进行活动很有可能造成低效率，政府组织本身也有可能偏离社会的公共目标。由于政府机构干预派生的外部性，政府官员以权谋私的“寻租”活动等原因，也常常会使政府的活动产生失灵。[①] 由于藏区经济活动大多是在政府机构的领导下进行的，因此改革政府机构对于青海藏区来说，是一个较之其他地区更为严峻的任务。

1. 建立精干的政府机构

自1952年随着《关于调整机构紧缩编制的决定（草案）》发布，我国开始了新中国成立以来的第一次政府改革。1956年，针对行政机构庞大、办事效率不高等弊端，毛泽东发表了著名的《论十大关系》，指出：“应当在巩固中央统一领导的前提下，扩大一点地方权力，给地方更多的独立性，让地方做更多的事情，这对我们建设强大的社会主义国家比较有利。”[②] 随后，中央对党政机构进行了精简。1970年，国务院拟定了《关于国务院工业交通各部直属企业下放给地方管理的通知》，对各级行政机关和行政管理体制进行了一次较大幅度的变动。1982年，国务院进行了改革开放以来第一次机构改革。1988年，随着经济体制改革的深入发展和政治体制改革的开展，机构膨胀、效率低下等弊端再次显现，为了巩固和发展经济体制改革的成果，国家又进行了行政改革。1993年，第八届全国人民代表大会第一次会议上提出对各级政府机构进行改革，改革的重点是转变政府职能，做好宏观管好，微观放开。1998年，为了减轻财政负担，第九届全国人民代表大会第一次会议审议通过了《国务院机构改革方案》，这次改革更多关注经济事务部门。2003年，为了适应现代化建设的需要，对政府职能和机构存在的一些问题亟须改革。2008年，党的十七大报告指出：“加大机构整合力度，探索实行职能有机统一的大部门体制，健全部门间协调配合机制。精简和规范各类议事协调机构及其办事机构，减少行政层次，降低行政成本，着力解决机构重叠、职责交叉、政出多门问题。”[③] 这次改革主要围绕转变政府职能和理顺部门职责关系而进行。

纵观新中国成立以来的历次改革，机构改革与政府职能转变之间呈现正相关关系，改革的总体趋势是随着机构的减少，政府的职能也逐渐明晰、规范。任何机构调整，不仅要触及机构取舍、人员去留、权力交替和利益调整等实际问题，而且会遇到旧体制的惯性和利益受损者的阻力影响。所以，建立起来的新机构要

① 沃尔夫．市场或政府——权衡两种不完善的选择［M］．北京：中国发展出版社，1994.

② 毛泽东选集（第五卷）［M］．北京：人民出版社，1977.

③ 胡锦涛．高举中国特色社会主义伟大旗帜，为夺取全面建设小康社会新胜利而奋斗［M］．北京：人民出版社，2007.

真正发挥预期的作用，不仅需要通过“磨合”来克服旧体制的束缚，寻找适应新形势、新任务要求的契合点，而且需要在实践中不断加以完善。①

青海藏区政府机构精简的最大阻力是人员分流困难。由于缺乏完善的社会保障机制，无论是撤销机构，还是裁减人员都要承受巨大的社会压力。建立精干的政府机构应该做到：

首先，精简政府机构和机关人员。对于精简的政府人员必须出台相应的保障措施，以消除精减人员的后顾之忧。如果处理不好精减人员的出路问题，便会影响到青海藏区的机构调整和改革。由于一些人员在调整中失去了原来的地位，可能会反对或抵制改革，所以应该从思想上引导精减人员，消除根深蒂固的官本位观念，鼓励精减人员创办个体和私营企业，对其经营场地、税收、融资等方面给予更多的优惠政策。在创办企业之初，政府应尽可能帮助精减人员创业成功，这样既可以扫除身份降低的失落感，鼓励其创业的积极性；也可以对其他精减人员起到榜样示范作用，以保证今后机构改革的顺利推行。在青海藏区，由于所有制过于单一，所以可以鼓励精减人员创办个体、私营企业。精减人员相对于地方个体、私营业主，文化素质更高、更熟悉市场发展环境，也具有更好的人脉关系，这些都为精减人员成功创办企业打下了良好的基础。而精简机构同时还应配套相应的法律法规机制。依法杜绝政府机构的再次膨胀，依据法律严格规范政府的组织机构、职能、编制、工作程序等。

其次，撤并某些人口过少的县、乡镇和村。青海藏区地广人稀，尤其是玉树州和果洛州，玉树州人口密度不足 5 人的有杂多县 1.55、称多县 3.80、治多县 0.39、曲麻莱县 0.61；果洛州全州 6 县人口密度均不足 5 人，分别为玛沁县 3.38、班玛县 4.24、甘德县 3.97、达日县 2.12、久治县 2.53、玛多县 0.49。像玛多县全县人口仅有 1.3 万人。虽然人口稀少，但这些地区还是设立了相应的乡镇，所有的政府班子都很齐全，每个乡镇的工作人员都有几十人，不少乡镇出现了人满为患的现象，加重了地方财政的包袱。青海藏区薄弱的经济基础无力承受过重的负担，这只能进一步加重藏区人民的负担，不利于藏区人民生活水平的提高。对于人口过少的乡镇和村应考虑撤并。由于环境、资源、人才等因素限制，某些县政府的主要职能便是维护地区的稳定，也可以将人口过少的县进行撤并，重点设置维护地区稳定的相关机构或部门，其余的机构都可以撤销。通过撤并

① 杜创国．政府职能转变论纲［M］．北京：中央编译出版社，2008.

县、乡镇以及将分散的村落集聚化，可以大大压缩藏区行政管理机构及“吃皇粮”的人口，从而促使青海藏区各级地方政府机构精干化，为实现“小政府、大社会”创造有利条件。

2. 提高政府行政效率

青海藏区政府过多的行政审批是导致行政效率低下的一个重要原因。要提高政府行政效率应从以下几个方面着手：

首先，减少青海藏区政府过多过杂的审批权。名目繁多的审批权严重制约了藏区投资者的积极性，进而影响了藏区经济的发展。尽管对政府来说审批总是难免的，但青海藏区政府的一些行政审批所带来的弊端显而易见。在青海藏区各类行政审批过于烦琐复杂，审批的范围广、时间长，而且其透明度和可预见性都比较差。同时，藏区政府审批权主观随意性和自由裁量权过大。由于缺乏相关的市场监管秩序，导致竞争无序的重审批、轻监管的现象普遍存在。对青海藏区针对审批制度的改革主要的是减少审批权和审批项目，并加大司法权力对行政权力的制约和监督。对于垄断性基础项目，实行专家评议制；对竞争性项目以登记备案制代替项目审批；对关系到青海藏区发展环境的项目应该重点考虑，综合权衡后做出决定。青海藏区政府在经济活动中要转变以往以项目审批为主的功能，将重心转移到间接宏观调控。鼓励一些适合青海藏区特点的高新技术产业投资发展，禁止对环境造成重大危害的产业投资发展；转变政府对青海藏区经济的管理理念和管理方式，将原有的审批制度转变为具有现代法治特征的行政许可制度。对原有的所有审批项目进行分类总结，对保留下来的审批项目，按照行政许可的法律规范，明确程序、时限和责任、简化手续、增加透明度、健全监管机制，使其提高效率。

其次，提高藏区政府的执政能力。政府执政能力不足也是造成青海藏区政府行政效率低下的一个重要原因。当政府能力很薄弱时，政府如何进行干预以及在什么地方进行干预需要仔细的研究。许多政府在缺乏资源和能力的条件下试图办过多的事。[①] 古训“量力而行”是值得记取的。近几年，随着藏区经济的发展，青海藏区在保持经济稳定方面面临新的挑战，在收入分配、地区差距、劳动就业等方面也不断遇到新问题。政府能否在化解经济和社会矛盾、维护经济社会稳定方面发挥调控和协调作用，有待于政府综合协调能力的进一步强化。藏区政府必须将自己有限的能力集中于能够完成而且应该完成的任务上，即将精力集中于保护

① 世界银行．1997 年世界发展报告：变革世界中的政府［M］．北京：中国财政经济出版社，1997.

生态环境、解决贫困问题、发展教育、加强基础设施建设、发展特色产业等方面。

最后，完善政府的考核体系。在我国政府运作机制中，经济发展绩效的主要考核指标是国内生产总值，这使得地方政府官员的行为趋向于追求经济增长指标。由于受到政绩和职务升迁的影响，使得青海藏区政府也片面地追求本地区的国内生产总值增长。鉴于青海藏区特殊的地理位置、人文环境以及生态的特殊重要性，需进一步改革与完善青海藏区政府的考核体系。在内容上，不应该片面强调经济增长，而要更重视社会稳定和生态环境保护。青海藏区政府应把维护地区稳定和生态环境保护放在首位；在数量指标上，不应该单方面强调和突出国内生产总值指标，而应更关注青海藏区在取得一定国内生产总值增长率的同时，单位产值的能源、原材料消耗是否有所降低，国内生产总值的增长是否伴随着经济结构的明显改善，生态环境质量是提高还是降低。总之，青海藏区政府的考核体系应约束政府官员在任职期间的急功近利、盲目发展行为，在国内生产总值增长的同时，经济效益和结构效益、环境和生态质量也应有所提高，经济增长方式实现根本转变。

三、营造依法治理的政府管理环境

青海藏区在经济发展中政府意志往往代替或超越法律，对资源配置起着决定性的作用。在市场经济条件下，政府不应该过度干预经济。为了经济的协调发展，所有的政府政策和政府信息都必须做到公开、透明，民主是市场经济顺利发展的一个重要条件。市场经济也是法治经济，即从行政命令支配的、政府机关和党政官员的自由裁量权特别大的命令经济，转变成规则透明、公正执法的法治经济。法律在市场经济的运行当中起着非常重要的作用，如果没有法律的约束，就没有良好的市场秩序，资源也达不到最佳配置的目标。在市场经济体制下需要用法律来维护市场竞争的秩序以及各经济主体的权利和义务。因此，地方政府必须首先要懂法、守法，最终目标是成为一个法治政府。

所谓法治政府，包含两层意思：一方面，政府必须要依法行政，把政府的权力严格限定在法律的规范之内，严格按照法定权限和程序行使职权，不能越过法律边界行使职权，并且对违法的政府行为一定要追究法律责任；另一方面，政府应该依靠法律来治理经济和社会生活，使经济和社会生活的方方面面都有法可依，而且执法过程要公正、透明，程序公开。

（一）严格立法过程，治民治官并举

1. 杜绝“立法走私”

青海藏区的大部分地方法规由行政机关来制定，然后由地方各级人大讨论批准。就现实来看，行政机关立法存在很大的局限性，通常只注重权利而不注重义务，往往从部门利益、行业利益、地方利益出发，致使法律缺乏科学性和公正性，这很容易造成立法的腐败。行政机关在立法过程中，如果涉及一些审批权、发证权、收费权、处罚权等权力比较大的事宜时，行政机关各部门之间经常会出现互相争夺、各不相让的现象，导致法律、法规互相撞车、互相扯皮的现象。当前，青海藏区政府立法一定要促进政府职能切实转变到保护生态和提供公共服务上来，政府应当让群众自己解决自治范围内的事情，让企业真正掌握生产经营权和决策投资权。总之，青海藏区政府立法的根本原则是要保护藏区民众的根本利益，正确处理中央和地方，地方与地方之间的关系。

2. 立法要治民治官并举

青海藏区现存的诸多法律、法规和制度重点在“治民”，而不“治官”。这与现代法治的目的是通过法律限制行政机关滥用权力并不一致。因此，要完善青海藏区的法制体系，就必须要求制定任何法律、法规都要对政府的权力和行为做出规定，防止其权力过大或滥用权力。青海藏区的各级人大代表和常委有很多人都有过从政经历，他们看待任何问题时都习惯性从行政角度和立场出发，带有严重的官本位思想。由他们制定的法律、法规和制度往往明显地倾向行政部门的利益，其本质仍然是治民不治官。因此，应该实行专家立法，提倡开门立法，以此加大立法的透明度，让人民在法律的制定上有发言权，这不仅能提高广大人民群众的法制意识，而且也能够提高法律质量，实行立法工作者、实际工作者和专家相结合，广泛听取人民群众的意见。立法为民，必须依靠人民监督。

（二）提高藏区民众的法律意识

1. 树立政府依法行政的意识

由于受传统计划经济的影响，加之青海藏区部落习惯法的根深蒂固，崇拜个人或领导决定的习惯和作风影响至深。历史上的青海藏区政府就是“全能政府”，从宏观到微观，政府都要介入其中进行干涉。计划经济时代，青海藏区政

府同样拥有配置资源的极大权力，因此政府部门就很容易利用手中的权力，营造巨大的“寻租”环境。当公共权力介入市场交易导致“租金”产生，所以，就有很多人想尽一切办法买通权力去获得租金。当公共权力超出了它在市场经济中的应用范围，就产生了“寻租”的制度基础。遏制腐败的根本是要用法律来划定政府公共权力的行使范围，防止其滥用。在青海藏区，依法行政的水平远远落后于市场经济的发展要求。因此，政府机关面对科技、政治与社会生活复杂多变，面对飞速发展的形势，必须提高自己依法行政的水平。

2. 加强藏区民众的普法教育

在加强各级领导干部学法、知法、守法，提高他们的法律意识、增加他们的法律知识和法制观念，提高依法行政的能力和水平的同时，青海藏区也要积极推进农牧民的普法工作。法治政府要求政府执法要公正、透明、程序公开，但由于青海藏区广大农牧民缺乏最基本的法律知识，所以他们不会用法律武器来维护自身权益。通过普法工作，让藏区农牧民具备基本的法律素质，一方面，减少农牧民违法犯罪现象；另一方面，广大农牧民可以利用法律知识与违法行为作斗争，还可以监督政府的执法过程。通过普法工作，让藏区农牧民掌握一定的国家法律、法规和政策知识，弱化部落习惯法在藏区的影响。

四、建立有效的政府治理结构

全球治理委员会在1995年把“治理”界定为“治理是各种公共的或私人的个人和机构管理其共同事务的诸多方式的总和。它是使相互冲突的或不同的利益得以调和并且采取联合行动的持续的过程。这既包括有权迫使人们服从的正式制度和规则，也包括各种人们同意或以为符合其利益的非正式的制度安排。它有四个特征：治理不是一整套规则，也不是一种活动，而是一个过程；治理过程的基础不是控制，而是协调；治理既涉及公共部门，也包括私人部门；治理不是一种正式制度，而是持续的互动。”[①] 治理有别于政府统治，治理需要一个共同目标来支撑，但是这个目标未必出自合法的以及正式规定的职责，而且它也不一定需

① 全球治理委员会. 我们的全球伙伴关系［M］. 牛津：牛津大学出版社，1995.

要依靠强制力量克服挑战而使别人服从。治理既包括政府机制，同时也包含非正式、非政府的机制，随着治理范围的扩大，各类人、各类组织得以借助这些机制满足各自的需要，并实现各自的愿望。①治理的实质是：“各国政府并不完全垄断一切合法的权利，政府之外，社会上还有一些其他机构和单位负责维持秩序，参加经济和社会调节。”② 治理专门用于描述那些政府管理职能不能触及的领域，是有效政府管理的基础，是有效管理的补充。

按照 Kaufmann，Kraay 和 Zoido – Lobaton（2000）的理解，治理包括以下三个方面的内容：首先是政府的成立、问责、监督等的设定；其次是制定和实施良好的政策及提供公共服务的能力；最后是公众与政府对治理经济和社会关系的制度的尊重。这三个方面可以分成六个综合指标，即政府效率（Government Effectiveness）、监管质量（Regulatory Quality）、法治（Rule of Law）、腐败控制（Corruption Control）、政治稳定性（Political Stability and Absence of Violence）、民众参与（Voice and Accountability）。

青海藏区由于地理环境、人文环境的特殊性，需建立有别于经济发达地区的政府治理模式。在藏区政府治理中值得关注的是微观层次上的行为体。对外开放程度与藏区人民思想变化之间有某种潜在的关联。如果没有藏区民众思想上的转变，青海藏区政府的治理模式也不可能发生改变。

青海藏区民众独特的意识形态和思想观念，客观上要求青海藏区政府所有的政策措施都应该紧密结合藏区的特点，而不是将政府的意愿强加给藏区民众，迫使他们做有悖于意识形态的事情。在青海藏区的治理过程中，我们既不提倡“大政府、小社会”类型，也不赞成“小政府、大社会”类型。在藏区，政府应该依照自身能力的大小，在需要政府发挥作用的方面积极发挥功能。例如，针对藏区市场相对孱弱的情况，如果不充分发挥政府的促进作用，而过分强调市场自发调节功能，结果反而不利于社会发展；又例如，由于超载现象严重导致草场破坏，为了解决藏区出现的日益严重的人地（草场）矛盾问题，政府可以本着增加牧民收入、减少生态破坏的目的，由政府负责联系用人单位，对劳务工进行专门的培训。

在青海藏区，一定要通过持续的国家建设，增强中央政府的权威，同时必须

① James N. Rosenau. 没有政府的治理［M］. 张胜军，刘小林译. 南昌：江西人民出版社，2006.

② 皮埃儿·德·塞纳克伦斯. 治理与国际调节机制的危机［J］. 国际社会科学，1998（3）.

保证宪法、法律和中央政府的政策在青海藏区的实施。不断强化地方政府力量的同时，积极利用藏区社会中的精英分子（如活佛、高僧、阿訇等）。青海藏区的治理中由该地区威望较高的活佛、高僧、阿訇担任政协委员要职。一方面，国家基本的制度必须是统一的，国家的基本制度必须有利于增强中央政府的权威，地方政府将中央政策精神很好地传达给活佛、高僧等宗教界人士；另一方面，政府要积极听取藏区民众对政府政策的态度，及时调整不适应地区发展的政策。以藏族群众积极参加寺院组织的各类宗教活动为契机，进行政策宣传和上级精神的传达，达到有效治理的目的。

总之，历代中央政府治理青海藏区，成败得失，历历在目。江泽民同志在1999 年中央民族工作会议上曾说："没有民族地区的稳定就没有全国的稳定，没有民族地区的小康就没有全国的小康，没有民族地区的现代化就不能说实现了全国的现代化。"青海藏区虽然面临着生态、教育、贫困等多种问题，但通过中央政府政策、资金的大量倾斜，以及不断发挥自身优势，一定能够进入新的发展阶段，实现各民族的共同繁荣。

参考文献

一、专著

[1] 约瑟夫·E. 斯蒂格利茨著．公共部门经济学（第3版）［M］．郭庆旺等译．北京：中国人民大学出版社，2005.

[2] 约瑟夫·E. 斯蒂格利茨．经济学基础［M］．北京：中国人民大学出版社，2005.

[3] 查尔斯·沃尔夫．市场，还是政府——不完善的可选事物之间的抉择［M］．陆俊、谢旭译．重庆：重庆出版社，2007.

[4] 阿耶·L. 希尔曼．公共财政与公共政策——政府的责任与局限［M］．王国华译．北京：中国社会科学出版社，2006.

[5] 约瑟夫·E. 斯蒂格利茨．政府为什么干预经济——政府在经济中的角色［M］．北京：中国物资出版社，1998.

[6] 洛克．政府论（上篇）［M］．瞿菊农等译．北京：商务印书馆，2007.

[7] 约瑟夫·熊彼特．经济分析史［M］．朱泱等译．北京：商务印书馆，2005.

[8] 道格拉斯·C. 诺思．经济史上的结构和变迁［M］．厉以平译．北京：商务印书馆，2007.

[9] 莱昂内尔·罗宾斯．经济科学的性质和意义［M］．朱泱译．北京：商务印书馆，2005.

[10] 阿瑟·刘易斯．经济增长理论［M］．周师铭等译．北京：商务印书馆，2005.

[11] 德怀特·H. 波金斯等．发展经济学（第五版）［M］．黄卫平等译．

北京：中国人民大学出版社，2006.

［12］默里·L. 韦登鲍姆．全球市场中的企业与政府（第六版）［M］．张兆安译．上海：上海三联书店，上海人民出版社，2006.

［13］詹姆斯·N. 罗西瑙．没有政府的治理［M］．张胜军，刘小林译．南昌：江西人民出版社，2006.

［14］丹尼尔·W. 布罗姆利．经济利益与经济制度——公共政策的理论基础［M］．陈郁等译．上海：上海人民出版社，2006.

［15］尼古拉·阿克塞拉．经济政策原理：价值与技术［M］．郭庆旺，刘茜译．北京：中国人民大学出版社，2001.

［16］赫尔曼·M. 施瓦茨．国家与市场：全球经济的兴起［M］．徐佳译．南京：江苏人民出版社，2008.

［17］乔治·斯蒂纳，约翰·斯蒂纳．企业、政府与社会［M］．张志强，王春香译．北京：华夏出版社，2002.

［18］查尔斯·I. 琼斯，经济增长导论［M］．舒元等译．北京：北京大学出版社，2005.

［19］塞缪尔·P. 亨廷顿．变化社会中的政治秩序［M］．王冠华，刘为等译．上海：上海人民出版社，2008.

［20］刘华．经济转型中的政府职能转变［M］．北京：社会科学文献出版社，2011.

［21］高小平，王俊豪，张学栋．政府职能转变与管理方式创新［M］．北京：人民出版社，2010.

［22］柯武刚，史漫飞．制度经济学：社会秩序与公共政策［M］．韩朝华译．北京：商务印书馆，2000.

［23］威廉·邓宁．政治学说史（上、中、下卷）［M］．谢义伟译．长春：吉林出版集团有限责任公司，2009.

［24］约翰·康芒斯．制度经济学（上、下卷）［M］．赵睿译．北京：华夏出版社，2009.

［25］庇古．福利经济学［M］．金镝译．北京：华夏出版社，2007.

［26］王俊豪．政府管制经济学导论——基本理论及其政府管制实践中的应用［M］．北京：商务印书馆，2001.

［27］王振中．市场经济下的政府职能［M］．北京：社会科学文献出版

社，2009.

［28］吴敬琏等．渐进与激进——中国改革道路的选择［M］．北京：经济科学出版社，1996.

［29］俞可平．治理与善治［M］．北京：社会科学文献出版社，2000.

［30］安虎森．新区域经济学［M］．大连：东北财经大学出版社，2008.

［31］陈达云，郑长德．中国少数民族地区的经济发展：实证分析与对策研究［M］．北京：民族出版社，2006.

［32］胡鞍钢，王绍光．政府与市场［M］．北京：中国计划出版社，2000.

［33］王浦劬，徐湘林．经济体制转型中的政府作用［M］．北京：新华出版社，2000.

［34］曹闻民．政府职能论［M］．北京：人民出版社，2008.

［35］毛寿龙．有限政府的经济分析［M］．上海：上海三联出版社，1994.

［36］张昕．转型中国的治理与发展［M］．北京：中国人民大学出版社，2007.

［37］井敏．构建服务型政府理论与实践［M］．北京：北京大学出版社，2006.

［38］丰海英．政府经济行为研究［M］．北京：中国经济出版社，2007.

［39］颜鹏飞．中国社会经济形态大变革：基于马克思和恩格斯的新发展观［M］．北京：经济科学出版社，2009.

［40］赵凌云．中国发展过大关——发展方式转变的战略与路径［M］．武汉：湖北人民出版社，2008.

［41］胡家勇．转型：发展与政府［M］．北京：社会科学文献出版社，2003.

［42］包健．区域经济协调发展中的政府作用［M］．北京：经济科学出版社，2009.

［43］黄娟．生态经济协调发展思想研究［M］．北京：中国社会科学出版社，2008.

［44］麻朝晖．贫困地区经济与生态环境协调发展研究［M］．杭州：浙江大学出版社，2008.

［45］延军平．西北经济发展与生态环境重建研究［M］．北京：中国社会科学出版社，2008.

［46］刘冬梅．可持续经济发展理论框架下的生态足迹研究［M］．北京：中国环境科学出版社，2007.

［47］孙发平，曾贤刚．中国三江源区生态价值及补偿机制研究［M］．北京：中国环境科学出版社，2008.

［48］吴爱明，沈荣华，王立平．服务型政府职能体系［M］．北京：人民出版社，2009.

［49］谢俊春，马克林．西部人文环境优化研究［M］．兰州：甘肃人民出版社，2002.

［50］陈新海．历史时期青海经济开发与自然环境变迁［M］．西宁：青海人民出版社，2009.

［51］孙发平，崔永红．青海研究报告［M］．西宁：青海省社会科学院，2009.

［52］王振中．全球视野下的中国经济模式［M］．北京：社会科学文献出版社，2008.

［53］王东京，田清旺，赵锦辉．中国经济改革 30 年（政府转型卷）［M］．重庆：重庆大学出版社，2008.

［54］林毅夫，蔡昉，李周．中国的奇迹：发展战略与经济改革［M］．上海：上海人民出版社，2002.

［55］蔡昉，林毅夫．中国经济［M］．北京：中国财政经济出版社，2003.

［56］杜创国．政府职能转变论纲［M］．北京：中央编译出版社，2008.

［57］中国 21 世纪议程管理中心可持续发展战略研究组，中国科学院地理科学与资源研究所．中国可持续发展状态与趋势［M］．北京：社会科学文献出版社，2007.

［58］吴柏均，钱世超等．政府主导下的区域经济发展［M］．上海：华东理工大学出版社，2006.

［59］费孝通．中华民族多元一体格局（修订本）［M］．北京：中央民族大学出版社，1999.

［60］林惠祥．中国民族史（下册）第十三章“藏系”［M］．北京：商务印书馆，1998.

［61］龚荫．中国民族政策史［M］．成都：四川人民出版社，2006.

［62］西北民族宗教史料文摘（青海分册）上下［M］．兰州：甘肃图书馆．

[63] 顾祖成．明清治藏史要［M］．拉萨：西藏人民出版社、齐鲁书社，1999.

[64] 马连龙．历辈达赖喇嘛与中央政府关系［M］．西宁：青海人民出版社，2008.

[65] 崔永红、张得祖、杜常顺．青海通史［M］．西宁：青海人民出版社，1999.

[66] 青海民院民族研究所．青海少数民族［M］．西宁：青海人民出版社，1987.

[67] 朱解琳．藏族近现代教育史略［M］．西宁：青海人民出版社，1990.

[68] 史硕．青藏高原的历史与文明［M］．北京：中国藏学出版社，2007.

[69] 陈庆英．藏族部落制度研究［M］．北京：中国藏学出版社，1995.

[70] 格勒．论藏族文化的起源形成与周围民族的关系［M］．广州：中山大学出版社，1998.

[71] 格勒．藏族早期历史研究［M］．北京：中国藏学出版社，2006.

[72] 徐丽华．藏传佛教探秘［M］．成都：巴蜀书社出版发行，2001.

[73] 杨妍．地域主义与国家认同［M］．天津：天津人民出版社，2007.

[74] 陈庆英．中国藏族部落［M］．北京：中国藏学出版社，2002.

二、方志、年鉴

[1] 玉树藏族自治州地方志编纂委员会．玉树藏族自治州志（上下）［M］．西安：三秦出版社，2005.

[2] 果洛藏族自治州地方志编纂委员会．果洛藏族自治州志（上下）［M］．北京：民族出版社，2001.

[3] 黄南藏族自治州地方志编纂委员会．黄南藏族自治州志（第5册）［M］．西安：陕西人民出版社，1997.

[4] 海南藏族自治州地方志编纂委员会．海南藏族自治州志［M］．西安：陕西人民出版社，1995.

[5] 海西蒙古族藏族自治州地方志编纂委员会．海西蒙古族藏族自治州志（第5册）［M］．西安：陕西人民出版社，1995.

[6] 海北藏族自治州地方志编纂委员会．海北藏族自治州志（上下）［M］．兰州：甘肃人民出版社，1999.

[7] 中国民族统计年鉴（2007）[M]. 北京：中国统计出版社，2008.

[8] 青海省统计局. 青海统计年鉴 [M]. 北京：中国统计出版社，2006.

三、期刊论文

[1] 陈志龙. 城乡公共服务均等化：基于政府经济职能与制度形态公共产品的理论视角 [J]. 中共南宁市委党校学报，2009（2）.

[2] 李思. 从美国的次贷危机看政府的经济管理职能 [J]. 管理观察，2009（6）.

[3] 王珊珊. 地方政府在农民合作经济组织发展中的职能 [J]. 北方经贸，2009（5）.

[4] 王圣宏. 发展循环经济与政府职能转变 [J]. 商业研究，2009（9）.

[5] 戚睿. 金融危机背景下我国政府经济职能定位的现实选择 [J]. 特区经济，2009（5）.

[6] 周海波，葛扬. 经济转型过程中的政府职能——基于政府公共物品供给角度的实证研究 [J]. 经济理论研究，2010（6）.

[7] 王冰，王璐. 科学发展观视角下农村经建设中的政府职能定位 [J]. 经济研究导刊，2009（7）.

[8] 朱美静，张瑜，郝君超. 论转型期我国地方政府经济职能的越位[J]. 管理观察，2009（6）.

[9] 顾峰，梅琳. 区域经济发展与政府的宏观调控职能 [J]. 安徽农业大学学报（社会科学版），2009（3）.

[10] 苑晓杰，张丽杰. 全球化视域下中国政府经济职能的转变 [J]. 辽宁农业职业技术学院学报，2009（1）.

[11] 张振东. 市场经济与政府职能定位 [J]. 北京交通大学学报（社会科学版），2009（1）.

[12] 李银珠. 我国政府经济职能转变的理论探讨——西方国家政府职能发展演变的启示 [J]. 佛山科学技术学院学报（社会科学版），2009（2）.

[13] 刘书明. 现代市场经济与中国政府经济职能 [J]. 社科纵横，2009（4）.

[14] 崔松虎，颜旭. 有限政府下的政府经济职能定位 [J]. 生产力研究，2009（11）.

［15］马戎．理解民族关系的新思路——少数族群问题的“去政治化”［J］．北京大学学报，2004（4）．

［16］周广辉．当代中国政治发展的十大趋势［J］．政治学研究，1998（1）．

［17］朱伦．论“民族——国家”与“多民族国家”［J］．世界民族，1997（3）．

［18］高东陆．青海环湖文物调查［J］．青海考古学会会刊，1981（3）．

［19］蒲文成．藏传佛教与青海藏区社会稳定问题研究［J］．青海民族学院学报，2001（2）．

［20］任保平，蒋万胜，经济转型、市场秩序与非正式制度安排［J］．学术月刊，2006（9）．

［21］［美］保罗·G. 黑尔．转型期的制度变迁和经济发展［J］．社会经济体制比较，2004（5）．

［22］许林，程烙山．经济转型时期的非正式制度缺失［J］．江汉论坛，2005（1）．

［23］刘卓裙．非正式制度与西部地区经济发展模式关系分析［J］．经济问题，2005（2）．

［24］沈原．要市场经济，不要“市场社会”［J］．金融信息参考，2005（2）．

［25］谢岳．市场转型、精英政治化与地方政治秩序［J］．天津社会科学，2005（1）．

［26］李含琳．论西部大开发中政策支持的制度基础和体系创新［J］．中共中央党校学报，2000（4）．

［27］种明钊，应飞虎．论西部开发中的有效制度供给［J］．现代法学，2000（6）．

［28］倪国良．“有效政府”．西部人开发制度创新中的政府角色定位［J］．开发研究，2001（6）．

［29］邓大才．东西部制度安排的非均衡性与西部的制度创新［J］．探索，2001（1）．

［30］李岚．西部大开发中的制度创新等“非经济”因素初探［J］．中央民族大学学报（哲学社会科学版），2001（6）．

[31] 刘冰．西部开发的路径选择与制度创新［J］．甘肃社会科学，2001（4）．

[32] 陈健生．论作为制度变迁的西部大开发［J］．四川大学学报（哲学学社会科学版），2002（6）．

[33] 刘芳华．区域发展制度变迁中的地方政府角色转换［J］．中共福建省委党校学报，2000（5）．

四、外文类

[1] James, Jeffirey. Globalization, Information Technology and Development [M]. New york: New York University press, 2001.

[2] Michael Woolcock. Social Capital and Economic Development: Toward a theoretical synthesis and policy framework [J]. Theory and Society, 1998 (27): 9 – 19.

[3] Unger. Jonathan. Bridges: Private Business, the Chinese Government and the Rise of New Associations [J]. The China Quarterly, 1996 (9): 7 – 17.

[4] Young, Susan. Private business and economic reform in China [M]. M. E. Sharpe, 1995.

[5] Wank, David L. Bureaucratic Patronage and Private Business: Changing Networks of Power in Urban China [A]. Andrew G. Walder ed. The Waning of the Communist State: Economic Origins of Political Decline in China and Hungary [C]. Berkeley et al: University of California Press, 1995.

[6] World Bank CHINA 2020, Development Challenges in the new century [M]. The World Bank publication, Washington, D. C, 1997.

[7] Oi, Jean C. Fiscal Reform and the Economic Foundations of Local State Corporatism in China [J]. World Politics, 1992, 45 (1): 10 – 11.

[8] Blecher, Marc, and Vivienne Shue. Into Leather: State – led Development and the Private Sector in Fiji [J]. The China Quarterly, 2001 (166): 9 – 19.

[9] Whiteley, P. F. Economic Growth and Social Capital [J]. Political Studies 2000 (48): 4 – 14.

[10] Hesse, J. J. Transformation to Modernization: Administrative Change in Central and Eastern EUROPE [J]. Administration on, 1993 (71): 4 – 14.

[11] Maskell, P. Social Capital, Innovation and Competitiveness, in: S. Baron,

J. Field & T. Schuller (eds.): Social Capital, Critical Perspectives [M] . New York: Oxford University Press, 2000.

[12] Yli - Renko, H. , E. Audio, H. J. Sapiens. Social Capital, Knowledge Acquisition and Knowledge Exploitation in Young Technology - Based Firms [J] . Strategic Management, 2001 (22): 4 - 14.

[13] Bergheim, B. Douglas&Michael D. Whinstone. Incomplete Contracts and Strategic Ambiguity [J] . American Economic Review, 1998 (88): 7 - 14.

[14] Meyer, Marshall W. & Xiao Lu. Managing Indefinite Boundaries: The Strategy and Structure of a Chinese Business Firm [J] . Management and Organization Review, 2004 (1): 7 - 14.

[15] Chang, Chun & YijiangWang. The Nature of the Township - Village Enterprise [A] . Journal offender - national Business Studies. Weitzman, Martin L. & Cheng gang Xu ChineseTownship - Village Enterprises as Vaguely Defined Cooperatives [J] . Journal of Comparative Economics, 1994 (18): 21 - 30.

[16] Oi, Jean C. Fiscal Reform and the Economic Foundations of Local State Corporatism in China [A] . World Politics. Oi, Jean C. &Andrew G. Welder (ed.) Property Rights and Economic Reform in China [M] . Stanford, CA: Stanford University Press, 1999.

[17] Bian, Yanjie. Bringing Strong Ties Back In: Indirect Connection, Bridges, and Job Search in China [A] . American Sociological Review. Granovetter, Mark. Economic Action and Social Structure: The Problem of Embeddedness. American Journal of Sociology [A] . Lin, Nan 2001, Social Capital. New York: Cambridge University Press, 2001.

[18] Kornai, Janos. The Road to a Free Economy: Shifting from a Socialist System: The Example of Hungary [M] . NewYork: Norton, 1990.

[19] Baron, D. Business and Its Environment, Second edition [M] . Prentice - Hall, Inc. , 1996.

[20] Guthrie, D. Between Markets and Politics: Organizational Responses to Reform in China [J] . American Journal of Sociology, 1997 (102): 1258 - 304.

[21] Jacobson, C. , Lenway, S. , & Ring, P. The Political Embeddings of Private Economic Transactions [J] . Journal of Management Studies, 1993 (30):

453 –478.

[22] Keim, G. , & Zenithal, C. Corporate Political Strategies and Legislative Decision Making : A Review and Contingency Approach [J] . Academy of Management Review, 1986 (11): 828 –843.

[23] Peng, M. &P. Heath. The Growth of the Firm in Planned Economies in Transition : Institutions, Organizations and Strategic Choice [J] . The Academy of Management Review, 1996 (21): 492 –528.

[24] Xin , K. &J. Pearce. Guanxi: Connections as Substitute for FormalInstitutional Support [J] . Academy of Management Journal, 1996 (39): 1641 –1658.

[25] Yoffie, D. R. Corporate Strategies for Political Action. In A. A. MarcusKaufman , &D. R. Beam (eds.), Business Strategy and Public Policy : Perspectivesfrom Industry and Aacademia [M] . New York: Quorum, 1987.

后 记

全面深化改革，经济体制改革是重点，其核心是处理好政府与市场的关系。十八届三中全会鲜明提出，市场在资源配置中起决定性作用，这是我们党遵循市场经济一般规律，在改革开放实践中对政府和市场关系作出的新的科学定位。作为一个经济转型、体制转轨的经济发展滞后区域，青海藏区政府，一方面必须承担各种改革和社会转型成本，防止经济和社会的过度震荡；另一方面还必须投入大量的精力和财力用于调节地区发展差距、构建社会保障系统以及支持教育、科学和卫生福利等社会事业的发展。因此，研究青海藏区经济发展中的政府职能具有理论和现实意义。在博士毕业论文写作中我选择了这个题目进行研究，本书是在博士论文基础上修改完成的。

在本书的写作过程中，我首先感谢我的导师曹阳教授。导师不仅引我入门，而且几年来一直鼓励、指导我的学术研究。导师渊博的学识、敏捷的思维及宽容、平和、务实的处事态度，无不对我的做人、做事和学术研究产生了深刻的影响。我也要感谢我美丽的师母，在求学过程中，师母在学习、生活上给予了极大的关怀和帮助，使我终生难忘。

感谢我的公婆，他们不辞辛苦地照顾我的孩子，让我能够全身心地投入到论文写作中，我取得的点滴成绩与他们的关照和帮助是分不开的。感谢可爱的梁若轩，在我写作博士论文时，他还只是个襁褓婴儿，不停地玩弄我的鼠标，时不时抓几下键盘，或者爬到我的背上，在我写作之余，带给我无限的快乐，让我逐渐学会了在压力和干扰下工作与学习。感谢我的先生，他给我很多鼓励和支持，在我多年求学的路上，是我的精神支柱和坚强后盾。亲人不计回报的付出和支持是无法用一句感谢来表达的，我谨能用本书和加倍的努力来回报我的亲人！

在本书的写作过程中，我参阅了大量有价值的书籍和文章，这些文章中所包含的丰富内容和许多有价值的观点给了我很多启发，特向这些书籍和文章的作者表示感谢！特别要感谢杨虎德教授、陈文烈教授、吴春宝老师，他们的观点给我很大的帮助！本书能够出版，完全得益于青海民族大学学校的基金资助，同时本书也是青海民族大学自然资源与产业经济学科团队建设阶段成果，也得到了该团队的资助。在此，我深深感谢各位领导对我的无私帮助和支持！

在本书出版过程中，经济学院的各位领导给予了极大的帮助，为本书付出辛苦工作的各位老师，他们严谨的工作作风给我留下了深刻印象，在此对他们表示特别的感谢！